Que Significa Ser Nacional-Revolucionário?

por

Juan António Llopart

CONTRA-CORRENTE

Lisboa, 2013

Título Original: *¿Qué Es Ser Nacional-Revolucionario?*
Autor: Juan Antonio Llopart
© 2010, Juan Antonio Llopart & Ediciones Nueva Republica
© 2013, Juan Antonio Llopart & Contra-Corrente

Esta edição NÃO SEGUE a grafia do Novo Acordo Ortográfico da Língua Portuguesa.

Tradução: Flávio Gonçalves
Revisão: Nelson Fonseca
Paginação: Flávio Gonçalves
Capa: Nelson Fonseca
Impressão: Publidisa e CreateSpace
Distribuição: IAEGCA

Produzido e Impresso nos Estados Unidos da América e na União Europeia

ISBN: 978-989-97773-4-7
Depósito Legal:

Printed in the United States of America and in the European Union

Que Significa Ser Nacional-Revolucionário?

por

Juan Antonio Llopart

CONTRA-CORRENTE
Lisboa, 2013

ÍNDICE

Prólogo

Ramón Bau

No actual sistema onde as "ideias" da maior parte das pessoas provêem da propaganda de massas, (da comunicação social, TV, rádio, etc.) completamente dominados pelo poder do dinheiro, as palavras são a primeira armadilha para a compreensão das coisas.

Muitas das vezes as palavras ganham um significado diferente do original devido à assimilação a que estão sujeitas, de modo que quando escutamos que um estudante "tem qualidades ainda por explorar", podemos traduzir que se trata de um estudante vago e mau e quando se diz que alguém trabalha "no ofício do sexo", estamos a falar de uma prostituta... Podíamos continuar assim até obtermos um livro com "palavras" que ocultam os diversos factos do seu significado real.

Assim sendo, definir-se politicamente hoje em dia passa antes de mais por desemaranhar as palavras. Um leninista chamará de fascista o PP, um membro da ETA sem qualquer réstia de dúvida irá assumir-se como democrata, um facho chamará ao identitário de "separatista" e alguém do PSOE apodará de nazi um falangista...

Se a esta deformação da linguagem fomentada pela comunicação social adicionarmos os temores internos de cada ideologia, causados por néscios e loucos, está apresentada a problemática de nos definirmos, ou não, como "nacional-revolucionários" (doravante NR). Para tal, temos que nos desprender das etiquetas da comunicação social, mas também, dos desvios e neuroses de muitos que se assumem com esse nome sem qualquer qualidade ou mérito para o fazerem.

Este livro era pois não só necessário mas também imprescindível, uma primeira pedra para limpar a via para o mundo NR.

Para tal o livro aborda a questão em duas fases muito bem definidas: a primeira numa análise ao espaço no qual surge e no qual se deve desenvolver o movimento NR e, na segunda, os textos essenciais para a definição da sua ideologia de uma forma séria e concreta. Eu conheci de forma muito directa a primeira grande intenção de "fazer" algo NR em Espanha, diferente e inovador, diria até excessivamente inovador, mas naquela altura era talvez extremamente necessário, com as "Bases Autónomas", quando a primeira tarefa era romper com um mundo "facho" de direitistas e conservadores, pseudo-franquistas corruptos e rufias para-policiais... Era até preciso insultá-los, romper até à violência, desprezar as suas actividades e as suas publicações.

Superada essa etapa inicial, o NR começou apurar-se numa diversidade de meios que, a pouco e pouco, depurando-se e limando-se, o trouxeram, actualmente, a uma definição muito mais séria e concreta.

Hoje o trauma é exactamente o oposto, como refere o texto, "muitos sentiam-se traídos por algumas pessoas que se diziam NR e que tinham dado uma volta de 180 graus às suas ideias abraçando os postulados da Direita Nacional", o eleitoralismo oportunista e a dificuldade revolucionária levaram a que a palavra NR esteja por vezes no curral dos meros "nacionalistas", enquanto que por outro lado se esquece o que este texto de Llopart nos faz recordar: os valores. Como bem diz, "os Valores Europeus foram substituídos por valores vazios, por valores democráticos" e "a Honra, a Fidelidade, o serviço em prol da Comunidade mediante valores de entrega, solidariedade e companheirismo" deixaram de ser Valores socialmente exigidos.

Estamos no bom caminho, ser NR é antes de mais uma questão de Valores, não de esquerda ou de direita, pois já diz o texto que não há qualquer lógica em definir o NR como "algo de esquerda" e ainda menos como "algo de direita". Os valores que defendemos não são nem de direita ou de esquerda porque esses são conceitos "políticos", nascidos do sistema parlamentar, não fazem qualquer sentido quanto aos Valores essenciais de uma Revolução que afecta o Homem e o seu ambiente, e, não só os "partidos". Portanto há que centrar a essência NR acima de tudo nos Valores, como claramente indica o texto "efectivamente, o NR é a antítese de toda a doutrina materialista" e de tudo isto retiramos as conclusões políticas de uma forma coerente e hierarquizada, podemos então seguir a via das propostas políticas.

Porque quando se inicia uma definição para a concretização de posicionamentos políticos em questões actuais, eleitoralistas ou populares, pensando em tácticas ou em estratégias, sem as analisarmos tendo por base a coerência global dos valores e das ideias de base, o desastre é absoluto, com incoerências e confusões.

Em 1973, François Duprat escrevia o seu Manifesto Nacionalista Revolucionário e estabelecia uma linha completamente moderna contra esse tal de "progressismo" que se dá ares de "actual" mas cujas bases são já bem antigas, delineadas em 1790 e actualizadas por um Marx nascido no século XIX.

Quando no texto se estabelecem as referências do NR encontramos nomes como Jean Thiriart, Parker Yockey, François Duprat, Ramiro Ledesma Ramos, Martin Heidegger, Oswald Spengler, Georges Sorel, o Justicialismo Peronista, o socialismo pan-árabe Nasserista… pessoas rebeldes que admiro profundamente, e com os quais não me dói sentir-me como NR.

Finda esta primeira parte temos uma segunda com textos, digamos, "históricos" sobre a ideologia NR que são não só importantes como extremamente difíceis de reunir e encontrar, juntamente com a Norma Programática do Movimento Social Republicano (MSR) de 2008, uma concretização política actual em Espanha, dessa linha global NR. À parte do seu valor ideológico, estes textos são um trabalho de recolha poucas vezes publicado.

O movimento NR não está isento de problemas, o principal deles é a necessidade de um direccionamento mais unificado, uma liderança mais indiscutível, para evitar a mesma crítica levada a cabo por Dominique Venner no Anexo sobre o Anarquismo:

"A sua vaidade empurra-os para actos individuais gratuitos embora a sua causa se ressinta. Ignoram a palavra dada e ninguém sabe onde os conduzirá a sua fantasia. Quanto muito seguem o chefe de um bando e dividem-se em pequenos clãs. A ausência de uma referência ideológica comum aumenta a sua divisão e impede a sua unidade."

Essa ausência de uma "Referência" histórica de governo por vezes é uma vantagem, ao não estar "ligado" a feitos do passado, mas é também um problema para a concretização de ideias e de medidas, uma vez que os intelectuais e os lutadores NR apresentam frequentemente uma diversidade de concepções importantes, sem qualquer exemplo de uma aplicação real.

Contra tal actua este livro, tratando de estabelecer um mínimo de bases ideológicas, pelo menos para eliminar a o lixo claramente mais nefasto com ares de NR.

O mundo NR não é uma linha estreita mas também não pode ser uma bolsa de diversidades sem limites, a este livro ajuda a definir esses limites e valores essenciais.

Ramón Bau

Salvatore Francia (de camisa branca), ex-dirigente da Ordine Nuovo, com o autor do livro (Dir.) em Barcelona.

JUAN ANTONIO LLOPART

_____

Nota Prévia

Algumas pessoas perguntaram-me já há algum tempo, se podia preparar uma conferência introdutória sobre o que significava ser nacional-revolucionário. Pediam-me, antes de mais, que o expusesse de forma honesta e compreensível. Argumentavam que era necessário, devido à confusão que havia – e que há – sobre os nacional-revolucionários. Eram pessoas que não se consideravam nacional-socialistas, nem defensoras de um patriotismo social pragmático, nem sequer eram pessoas muito jovens com um acelerado espírito revolucionário. Na sua maioria eram pessoas próximas da meia idade, algumas com a desgraçada sorte de serem explorados no seu trabalho e outros encontravam-se desempregados; conheciam textos da Alternativa Europeia e livros editados pelas Edições Nova República, muitos, sentiam-se traídos por algumas pessoas que se diziam NR e que tinham dado uma volta de 180 graus às suas ideias abraçando os postulados da Direita Nacional. Queriam que alguém delineasse umas bases NR. E pensaram em mim. Perante tamanha proposta e acreditando, também eu, que realmente era necessário clarificar na medida do possível o equívoco criado por alguns acerca do que significa ser NR, acedi com todo o gosto fazê-lo.

Este livro que tens, agora, nas tuas mãos não é mais do que o texto dessa conferência com algumas modificações e uma pequena ampliação. Tentei, tal como me propuseram, explicar de modo simples a diferença entre os NR e outras correntes políticas, o seu espaço político e a sua linha ideológica.

Como complemento ao texto da conferência, acrescentei uma série de textos e manifestos que considero como o complemento ideológico perfeito ao exposto na minha conferência. Não inclui todos aqueles que gostava que incluísse, nem os que já se encontram publicados noutros livros das ENR, mas todos são textos esclarecedores no que parece ser a base comum dos NR. São textos – a maior parte dos quais traduzidos pela primeira vez – que, publicados cronologicamente, ajudarão com toda a certeza, o leitor a aprofundar os eixos principais da ideologia nacional-revolucionária e talvez fazer com que a sinta como já a sinto eu e muitos outros NR.

J.A. Llopart

Introdução

"Para nós não é uma questão de trocar de políticos ou de homens, mas de evitar a exploração, o despojo e a escravidão da Nação, do seu Povo e dos seus homens. Perante esta causa nada é suficientemente forte para nos impedir de lutar até ao fim, certos de que na verdade, na justiça e na sinceridade que defendemos se encontra o gérmen do nosso triunfo final."

Juan Domingo Perón[1]

Encontramo-nos em pleno século XXI, para trás ficaram os convulsos anos dos debates apaixonados entre ideologias políticas, de lutas sindicais, as guerras civis europeias, as conquistas sociais e tecnológicas que distinguiram o século XX. O choque, o confronto entre duas formas de entender o mundo no século XX, acabou num já longínquo 9 de Maio de 1945. O comunismo e o liberalismo, juntos, derrotaram o fascismo. Com efeito, a direita burguesa, liberal e capitalista unida a anarquistas, comunistas e socialistas derrotaram o único movimento que lhes fez frente e que tentou vencê-los. Depois veio o que já todos sabemos: a Europa dividida em dois blocos, depurações, processo de Nuremberga, perseguições ideológicas, Guerra Fria, queda do muro de Berlim, o estrepitoso fracasso do comunismo…

Na verdade, desde 1945, quase nada mudou; continua a luta de classes, a exploração do homem pelo homem, o materialismo, o capitalismo, o comunismo, com o passar do tempo travestido em partidos social-democratas. Tudo seguiu o seu curso. Os órgãos de comunicação social cor-de-rosa, controlados pelos poderes económicos, tornaram-se nos porta-vozes oficiais do sistema e encarregaram-se – e encarregam – de tergiversar, falsificar e omitir verdades, factos e reacções organizadas.[2]

---

[1] *La Fuerza es el derecho de las bestias*, p. 280.
[2] "Há um enorme condicionamento intelectual. A comunicação, a comunicação social de massas, unem-se, quase em uníssono, a qualquer que seja a sua opinião,

Surgiu um homem novo, numa sociedade velha, uma sociedade falsamente democrática, de homens e mulheres silenciosos, que não hesitam em esconder a cabeça ou em olhar para o outro lado para evitar problemas. Uma sociedade onde as mulheres e os homens julgam que, depositando um papelinho a cada quatro anos dentro de uma urna, participam dos destinos da nação. Homens e mulheres que se emocionam com os programas de televisão e os vivem com paixão, como se fossem suas as vicissitudes e os joguinhos vazios que deambulam pelas séries de televisão ou pelas desprezíveis telenovelas. Mulheres e homens que sobrevivem num mundo laboral dominado pelo interesse económico, carente de qualquer Princípio moral. Uma sociedade que converteu, mais que nunca, a mulher num objecto, a natureza numa grande fonte de recursos para desperdiçar sem valorizar suficientemente as terríveis consequências de tal acção; converteu os jovens em viciados consumidores de produtos de designer e substâncias que convertem a realidade em coloridas miragens. Uma sociedade definitivamente controlada pelos lóbis, na qual somos escravos do dinheiro e somos controlados pela sua polícia: os bancos.

Vivemos em pleno século XXI, mas padecemos com os mesmos problemas que padeceram os nossos pais e avôs no século XX; problemas, isso sim, maquilhados, aos quais se aplica uma

---

na defesa de um esquema segundo o qual a solução neo-liberal não só é a única possível como também a melhor. A ideia é fazerem com que acreditemos que estamos no melhor dos mundos e, embora estejamos mal, provavelmente noutros países está-se pior e se aplicássemos outras políticas seria ainda pior. Esta é a maqueta. Aqui os órgãos de comunicação social ocupam um papel ideológico. Defendem uma concepção da sociedade, defendendo uma concepção do mundo na qual acreditam porque esses órgãos estão também, eles próprios, muito implicados na nova economia [...] o seu papel não é comunicar.

[...] na verdade, o que uma empresa de comunicação tenta fazer agora, é vigiar e saber o que compras, o que consomes, o que lês, etc., porque o modo como ages na internet, deixa um rasto, conseguindo assim fazer um retrato robot de quem és, vendendo assim o que desejo. Isso é tudo o que me interessa e vale dinheiro, saber quem és. É mais difícil saber como é alguém quando se lê apenas um jornal ou veja televisão." Ignacio Ramonet. (entrevista concedida à Central de Trabalhadores Argentinos, Maio de 2000).

conveniente cirurgia estética e os quais se decora com os grafismos da última geração. Um século XXI que avança para o pensamento único e para o igualitarismo uniformizador.[3]

Produziu-se, contudo, uma alteração fundamental entre um século e o outro, os Valores Europeus foram substituídos por valores vazios, por valores democráticos. Hoje já não se luta como antigamente, não se acredita em Ideias como ontem. Hoje carece-se de princípios. A Honra, a Fidelidade, o serviço pela Comunidade mediante Valores de entrega, solidariedade e companheirismo foram substituídos pelo egoísmo, pela cobardia e pela falsidade. Os homens e as mulheres vendem o seu silêncio, a sua passividade, a sua falta de compromisso, o seu vazio espiritual a troco de sobreviverem numa sociedade amorfa, igualitária, borrega e grata por ser explorada.

A rebeldia, a luta, os Princípios foram relegados, abandonados e, o que é pior, estamos a ser educados para que não recuperemos o real sentido da Liberdade do indivíduo, oferecendo-nos em troca um reflexo de Liberdade. Ao sistema interessam-lhe mulheres e homens que se julguem livres quando na verdade são prisioneiros deste sistema que lhes atribui um código de barras para os converter em meros números estatísticos. Em jeito de comparação, para entender melhor o que quero dizer, ao ver-nos como indivíduos fortes, compactos e robustos mas que perante um acidente essa força e robustez é literalmente destroçada, o nosso corpo demonstra ser terrivelmente frágil, convertendo-nos, perante a adversidade, em seres completamente débeis. Isto é, aquilo que o sistema nos indica constantemente, somos indivíduos débeis, de rotunda fragilidade com uma aparente robustez, mas perante qualquer adversidade não passamos de um código processado automaticamente e que passa para os frios arquivos junto a outros milhões de códigos de barras. Para o sistema não existem sentimentos, existem resultados.

Continua a dividir-se o homem em classes sociais em função da sua condição socioeconómica, familiar ou cultural. Continuam a

---

[3] "Um povo que reclama sem cessar a igualdade, está pronto para a servidão." Gustavo Le Bon. (El mundo de Gustavo Le Bon, revista *Fundamentos*, nº 8).

classificar-nos como mulheres e homens de direita ou de esquerda. Tudo uma farsa. Não existem direita nem esquerda, existe um modelo económico imperante e dominante, por outro lado existe uma alternativa nacional-revolucionária a este, tudo o resto não passa de brincadeiras de mau gosto que acabam por beneficiar os mesmos de sempre: o poder económico. Existem ricos e existem pobres; existe o sistema e existem os anti-sistema. As classes sociais já não existem nos moldes em que afirmavam as teorias marxistas, existem as massas e os núcleos de poder. Não existe uma Terceira Via, existe a Classe Revolucionária e existe aquilo a que chamo a Classe do Sistema.

A Classe do Sistema

A Classe do Sistema é toda aquela massa de sujeitos que foram captados e arrolados nas fileiras de uma fictícia sociedade do bem-estar, anestesiados de todo o espírito de resistência e facilmente amansados com ligeiras concessões económicas e de ócio para se converterem em perfeitos meros homo-consumistas. Isso é, exactamente, o que defendia o ultraliberal Aurelio Peccei, fundador do Clube de Roma: "há que chegar a um sistema mundial de governo, que utilize técnicas extremamente eficazes de marketing; técnicas que tornem possível, de forma racional, a felicidade económica individual."

É por esta razão que a Classe do Sistema não luta com moral revolucionária nem solidária. A sua única moral, a sua única aspiração e o seu único Deus é o Dinheiro.[4] Quando afirmo a existência da Classe do Sistema não o faço de forma gratuita, nela inserem-se todos aqueles indivíduos que se identificam com os "valores" actuais – ou anti-valores – do sistema. Nela encontram-se os partidos políticos de toda uma suposta disparidade ideológica,

---

[4] "Agora é-se poderoso porque se tem dinheiro. É o dinheiro, à partida, aquele que leva o trono ao espírito. A democracia é a identificação perfeita entre o dinheiro e o poder". Oswald Spengler ("La Decadencia de Occidente").

sindicatos, associações com uma infinidade de propósitos e objectivos, os "não queremos problemas" e a casta dirigente intermédia. Nesta classe encontram-se inseridos todos aqueles indivíduos indiferentes, que vivem o dia-a-dia, que vêem passar as horas como ciclos vitais de subsistência, cuja maior ilusão não passa da possessão de um luxuoso descapotável, de uma magnifica casa com piscina, sauna e solário; evadir-se nos fins-de-semana; ir de férias ao "Paraíso" ianque para degustar os autênticos hambúrgueres nova-iorquinos acompanhados da imprescindível Coca-Cola; indivíduos definitivamente incapazes de sentir emoções caso estas não sejam maravilhosamente narradas por Hollywood ao estilo de "Pretty Woman", e evidentemente voluntariamente imóveis e cegos perante a insolidariedade, embora alguns deles num cúmulo de hipocrisia, cumpram a sua quota solidária participando esporadicamente nalguma campanha da UNICEF.

A Classe Revolucionária

Quando falo de Classe Revolucionária, refiro-me a todas aquelas pessoas cujo afã não seja outro que o de subverter a actual ordem capitalista globalizante tendo por base uma escala de VALORES superiores, tais como a Verdade, a Solidariedade, a Fidelidade, a Honra... Uma Classe Revolucionária que tem o dever moral de unificar todas as suas frentes e integrar todos os verdadeiros revolucionários, expulsando todas as expressões próprias da Classe do Sistema, principalmente todas as manifestações de materialismo. Assim sendo, quando falo de Classe Revolucionária faço-o, de caras, sem distinção de ideologias passadas ou presentes, pretendo distinguir entre aqueles que lutam verdadeiramente por ideais e aqueles que o fazem pelo seu ego pessoal ou como uma rebeldia aventureira.[5] O meu único propósito é constatar que o primeiro e

---

[5] "As fileiras revolucionárias não devem nutrir-se com ninguém mais que os espanhóis que chegam todos os dias com a sua juventude às costas, ou com os lutadores militantes desiludidos com o revolucionarismo marxista. Na nossa revolução devem predominar estas duas estirpes. Só assim alcançaremos os seus

único objectivo actual desta Classe Revolucionária seja o de corroer, até fazer tombar, o sistema.

Os partidos, sem vontade de ser Movimento, e os sindicatos como ferramentas de participação, de reivindicação social, de luta e de base revolucionária já morreram. Foram vencidos pelo consumismo, pela procura do poder económico, consequência do aburguesamento e da traição dos seus gestores. Os sindicados hoje não passam de fachadas do sistema para controlar os trabalhadores. Podíamos comparar o impulso dos sindicatos do sistema e do poder económico aos combates de wrestling onde tudo é combinado e falso, com o intuito de enganar os mais incautos ou as mentes programadas, de modo a aceitar a mentira como algo real. O trabalhador continua a ser explorado, utilizado como mercadoria, e ainda temos que incluir um novo conceito no mundo laboral, o da exclusão. Com efeito, os homens e as mulheres com mais de 45 anos, as grávidas e os jovens sem experiência converteram-se numa imensa bolsa de desempregados e de mão-de-obra indesejada pelos interesses do capital. São, para a sociedade capitalista, obstáculos pouco produtivos e caros, condenados necessariamente à exclusão laboral. Se me dizem que há que ser pragmático, que todas as ideias são muito bonitas, mas utópicas. Se me dizem que já não há lugar para revoltas nem para revoluções; que já não são possíveis mudanças. Que temos que meter os pés na terra, aproveitar o que há, viver a vida o melhor possível e conquistar pequenas reformas. Que há que aceitar que tudo está perdido e que o tempo dos heróis acabou. Que o sistema te permite lutar por bagatelas e que essas bagatelas valem mais que revoluções impossíveis.

Estas são as palavras dos Judas; são atitudes de gente que nunca acreditou em nada, que converteram os seus fracassos em norma universal e os seus cantos, antes, revolucionários em lamúrias de cobardes. São pobres de espírito, carne para canhão de um sistema que os explora, que os faz hesitar e calar. Já dizia Platão, e recordava Ezra Pound, que "um homem que não arrisca nada pelas suas ideias, ou as suas ideias não valem nada, ou o homem não vale nada". E

reais objectivos". Ramiro Ledesma Ramos

assim é.

Alguns camaradas, já antigos, afirmam que a ideologia nacional-revolucionária não existe; outros dizem que não passa de uma forma mais actual de se definir como nacional-socialista; outros que não passa de algo que se defende enquanto dura o acne juvenil. Todos eles têm algo em comum: ou estão em suas casas, ou estão em partidos da Direita Nacional. Têm, ainda, algo mais em comum: todos fracassaram na sua vida política, todos se especializaram em ser saltimbancos de partidos, todos abraçaram o pragmatismo próprio de quem procura um lugar mudando o seu discurso de acordo com o local onde se encontram e onde possam obter algo, mesmo que sejam as trinta moedas de Judas. Todos eles retratam na perfeição esta frase do romance de Jean Larteguy: "Os Centuriões".[6]

O discurso NR não apareceu da noite para a manhã, nem é flor de um dia. É a confluência de vários rios ideológicos que fazem crescer e manter o seu caudal. Toma forma e corpo entre as décadas de 60 e 80 e são muitas as organizações que bebem das suas águas. Essas organizações são as que com as suas ideias e propostas, marcam a via dos NR do século XXI.

Desde que ingressei na política activa – aos catorze anos – sempre me considerei um nacional-revolucionário, sempre me identifiquei com um símbolo: a Cruz Céltica; e sempre me identifiquei com aqueles Princípios e Ideias que identifiquei como nacional-revolucionárias. Nunca me camuflei como NR tendo outra ideologia, e nunca relacionei a minha acne juvenil – nem a poluição nocturna – com as minhas ideias. Não duvido que houve – e hajam – indivíduos que se camuflem em partidos NR, mudem de ideias dependendo das suas doenças venéreas ou que todo o seu fervor revolucionário não passasse de uma moda passageira de jovens inquietos, mas tudo isso não é característico só dos NR, é algo próprio de todas as organizações políticas e de todos os credos políticos ou religiosos.

---

[6] "Vós, oficiais burgueses, pertenceis a uma sociedade dizimada e apodrecida pelos interesses egoístas da sua classe. Vós contribuístes para manter a humanidade nas trevas. Vós não passais de obscurantistas, mercenários, incapazes de dizer pelo que combatem."

Por tudo isto, é meu propósito expor brevemente e da forma mais sincera possível o que significa ser nacional-revolucionário. O leitor poderá partilhar ou não das minhas opiniões, poderá discordar em maior ou menor medida; mas o que está claro é que, o aqui exponho, é aquilo pelo qual tenho vindo sempre a lutar e pelo qual luto, uma luta coincidente com a de outros camaradas espanhóis e europeus; uma luta possível e necessária para o nosso povo caso nela se acredite: a luta dos nacional-revolucionários.

I

Que São os Nacionais e os Patriotas?

O Movimento Patriótico espanhol, conhecido também como "os nacionais", é o conjunto de partidos e associações políticas que defendem, maioritariamente, três pilares fundamentais: os princípios católicos, a unidade de Espanha e uma certa justiça social inspirada na doutrina social da Igreja. Inserem-se também neste espaço os partidos falangistas, herdeiros da Falange fundacional, os quais propõem uma profunda revolução social mais radical. A todos eles no seu conjunto se denominou por Forças Nacionais.

A denominação, Forças Nacionais, é um legado do franquismo. Não é mais que uma amálgama de forças políticas e sociais que apoiaram o levantamento militar de 18 de Julho de 1936 e que posteriormente formariam o Partido único criado por Franco em 1937. Com efeito, os partidos e associações Tradicionalistas, a Falange Espanhola das JONS, a Renovação Espanhola, juntamente com os direitistas e monárquicos procedentes da CEDA, constituiram a partir do Decreto de Unificação[7] a Falange Espanhola Tradicionalista das JONS sob a liderança única de Francisco Franco.

Essas Forças Nacionais, que foram obrigadas a unir-se, graças às circunstâncias de uma guerra civil, por esse Decreto idealizado por Serrano Suñer, manteriam entre elas grandes diferenças ideológicas[8]

---

[7] Decreto aprovado a 19 de Abril de 1937.

[8] O II Chefe Nacional da Falange, Manuel Hedilla, foi detido a 25 de Abril de 1937 por se opor ao Decreto de Unificação. Condenado à morte por Franco, a pena seria reduzida a alguns anos confinado em Maiorca. As tentativas de reorganizar a FE JONS na clandestinidade foram constantes. Alguns, por o tentarem, foram fuzilados, como J. Pérez de Cabo e Juan José Domínguez. Patricio González de Canales foi detido, Narciso Perales preso. A oposição nacional-sindicalista ao regime de Franco jamais cessou. As premonitórias palavras do fundador da Falange, José Antonio Primo de Rivera, assassinado pela Frente Popular, tornaram-se realidade: "ponderem todos os camaradas quão ofensivo é para a Falange que lhe proponham a ocupar o papel de comparsa num movimento que não irá conduzir à implantação do Estado nacional-sindicalista mas à restauração

e de Valores. Diferenças que já existiam antes da guerra e que se vieram a acentuar cada vez mais à medida que os regimes que constituíam o Eixo[9], aliados da Espanha franquista, passavam da fortaleza dos seus regimes e das suas vitórias contundentes à derrota de 1945; mais ainda, quanto mais o regime franquista se consolidava como um regime personalista viciado com tecnocratas e arrivistas e repleto de gente da Opus Dei e de um castrador nacional-catolicismo; um regime que envergou a parafernália falangista mas que nada tinha a ver com um Estado autenticamente nacional-sindicalista.

Essas Forças Nacionais posicionaram-se muito antes da morte de Franco. Aquando da morte deste, essas Forças Nacionais já se encontravam profundamente divididas entre aqueles que queriam manter o regime franquista, aqueles que o queriam democratizar e aqueles que, sinceramente, o queriam superar. Tal deu origem ao nascimento de uma multitude de associações que mais tarde se converteram em partidos políticos, entre os quais se destacam a União do Centro Democrático, de Adolfo Suárez, a Aliança Popular, de Manuel Fraga e, mais à sua direita, a Força Nova, de Blas Piñar.

Materializou-se nesse momento um espaço político que retomaria o nostálgico nome de Forças Nacionais. Esse espaço foi ocupado por todas aquelas organizações que se consideravam herdeiras e fiéis aos princípios que deram origem ao 18 de Julho de 1936. Compunham essencialmente essas Forças Nacionais a Força Nova, FE JONS, a Comunhão Tradicionalista Carlista e pequenos grupos falangistas ou franquistas que normalmente iam aparecendo e desaparecendo. Com o tempo surgiram outros pequenos partidos que, embora não podendo ser considerados como nacional-revolucionários, foram os embriões dessa corrente política em Espanha, refiro-me à Frente Nacional da Juventude e à Frente da Juventude, partidos que pretendiam, no seio dessas Forças Nacionais, esgrimir um discurso

---

de uma conservadora burguesia medíocre, ornamentada, ainda por cima, com o acompanhamento coreográfico das nossas camisas azuis."
[9] Pacto assinado pela Alemanha e pela Itália às quais, mais tarde, se uniria o Japão e ao qual adeririam ainda a Bulgária, a Hungria, a Eslováquia e a Roménia.

moderno, popular, mais de acordo com a Espanha que nascia e distanciado – parafraseando José Antonio – dum passado gloriosamente defunto. Há que incluir aqui uma associação cultural nacional-socialista: a CEDADE que, fundada originalmente por falangistas dissidentes, acabaria por ser um centro de formação NS e que contribuiria, graças às suas relações com outras associações e partidos europeus, para dar a conhecer e a colocar em contacto com grupos NR europeus os nacionalistas espanhóis. Desses contactos nasceram as relações com os franceses da Ordre Noveau e os italianos da Ordine Nuovo, cujos textos foram traduzidos de distribuídos, dando-se também a conhecer as suas actividades e formas de luta.

O grosso dessas Forças Nacionais provaram ser completamente incapazes, após o seu primeiro desastre eleitoral sob o nome de Aliança Nacional 18 de Julho, de compreender que era necessário actualizar o seu discurso e a sua forma adequando-o a toda uma nova situação política. Hoje, o que sobra dessas Forças Nacionais permanece parcamente activo e muito fragmentado, enquadrados em pequenos partidos políticos e em associações[10] vivendo numa crise interna permanente e reduzindo a sua presença a uma ínfima expressão.

Podemos afirmar, sem qualquer exagero, que o mundo que existia quando iniciamos a nossa militância em algum partido dessas Forças Nacionais da transição desapareceu e que a realidade actual é radicalmente diferente da que conhecemos nas décadas de setenta e oitenta.

---

[10] Referíamo-nos a partidos como o Movimento Católico Espanhol ou a associações culturais, algumas delas provenientes do desaparecido partido político Força Nova ou de algum partido falangista. A esmagadora maioria dos actuais partidos falangistas negam qualquer vinculação ao franquismo.

Destaquemos alguns exemplos:

1 – O desaparecimento da URSS e de praticamente todos os países comunistas.

2 – A crise histórica da esquerda após o demonstrado fracasso do comunismo. A redução da esquerda anti-sistema a partidos testamentais agachados em plataformas conjuntas com uma esquerda mais moderada que, por sua vez, se esconde por trás do guarda-chuva da social-democracia capitalista (PSOE).

3 – A consolidação do Mundialismo e da Globalização como formas supremas do imperialismo capitalista, liderado pelos EUA e por Israel.

4 – O agravamento da crise do sistema: migrações em massa, consolidação da pobreza em grande parte do planeta. A instabilidade política no Cáucaso e no Médio Oriente, desastres ambientais, escassez de recursos naturais...

Muitos "nacionais" ou "patriotas" acabaram por se descontextualizar do mundo real ante a impossibilidade, tanto como indivíduos como de grupo em perceber as mudanças reais que aconteceram e vão acontecendo na nossa sociedade. Continuam a falar do comunismo como sendo o principal inimigo a abater, mostram-se inamovíveis no seu discurso e na sua imagem pública, definem o PSOE como sendo um partido de esquerda, justificam o mal menor votando na direita capitalista (PP) em nome do voto útil para que "os vermelhos não ganhem". Não é segredo dizer que muitos dos "nacionais" militam no PP ou fazem parte do seu espaço sociológico. Irrompe, novamente, essa grande contradição dos "nacionais" ou "patriotas", dado que continuam a declarar-se como não sendo "nem de direita nem de esquerda", mas acabando sempre por apoiar a direita.

Graças a tudo isso, é necessário eliminar do vocabulário dos nacional-revolucionários a mera definição de Patriota. Definição, para mais, assumida não só por uma parte importante da direita do sistema mas também por parte da esquerda e, desde já, pelos partidos independentistas, sejam de que tendência política.[11]

A este espaço político anteriormente denominado de Forças Nacionais, e que agora alguns chamam patriota ou dos nacionais, prefiro pessoalmente denominá-lo como "a Área".

---

[11] Alguns exemplos de partidos ou associações que se definem, ou definiram em tempos, como patriotas e que se situam à esquerda são: Estat Català, Front Patriòtic (apoiado pelo partido marxista PSAN), Abertzale Sozialisten Batasuna (União de Socialistas Patriotas) e Sozialista Abertzaleak (Patriotas Socialistas); sem esquecer as posturas nacionalistas espanholas por parte do partido União, Democracia e Progresso, liderado pela ex-dirigente do PSOE Rosa Díez.

II

O Que é a Área?

A Área é o espaço político ocupado por aqueles partidos ou associações que defendem uma Ideia Nacional e Social fora da esquematização política clássica de direita e de esquerda. Assim, esta Área é suficientemente ampla para nela encontrarmos organizações em completa oposição ideológica. Com efeito, a Área é tão díspar que num dos extremos encontramos organizações próximas dos partidos clássicos da direita e no outro extremo, organizações que reivindicam uma Esquerda Nacional, alguns denominando-se até como nacional-bolcheviques.

Referirmo-nos à Área como um conjunto compacto, uniforme e único é algo completamente falso, tendencioso e que carece de qualquer análise, qualificá-lo assim, seria reproduzir o que a maior parte dos órgãos de comunicação social ou as associações inquisidoras da esquerda, ou, da direita do sistema cognominam como "extrema-direita", "ultradireita" ou "neo-fascismo". O movimento nacional-revolucionário nada tem a ver com a extrema-direita ou com movimentos "neos" da direita burguesa. O movimento NR é um movimento transversal que não vive do passado e nem se diverte com ele, é um movimento de vanguarda que se nutre com os valores europeus e avança, decididamente, para o futuro.

Uma vez definida a Área, é preciso constatar novamente e repeti-lo as vezes que for necessário, que é extremamente ampla e diversificada. E é extremamente ampla e diversificada porque, embora coincidindo por definição, são diferentes as fontes onde vão beber os seus discursos.

Com efeito, há quem vá beber a Balmes ou a Aparisi y Guijarro, há quem beba de José Antonio Primo de Rivera ou de Ramiro de Maeztu, também há, a título de exemplo, os que vão beber a Georges Sorel e ao seu sindicalismo revolucionário e à Revolução Conservadora alemã. Há quem beba tanto que se embebeda e mistura Ramiro Ledesma Ramos com José María Albiñana e quem, à força de ser abstémio, nem sequer saiba quem é Jacques Doriot.

Há os que organizam manifestações pró-Israel e os que são detidos e multados por defender a Causa Palestiniana; há os que querem ser convidados para visitar o Irão de Ahmadinejad e os que vêem o islamismo como o grande inimigo do Ocidente cristão. Há quem admire os EUA e quem considere esse país e Israel como os principais culpados pela existência do islamismo radical e pela castração da Europa.

Há os que não querem na terra europeia outra religião que não seja a cristã, e há os que querem conviver, entre outros, com os bósnios que, na sua maioria[12], nada têm de cristãos. Há os que querem fechar todas as mesquitas e cristianizar o mundo, e há os que não querem ter nada a ver com religiões monoteístas ou prescindam sinceramente de qualquer religião, afirmando que a sua espiritualidade está nos seus Valores.

Há os que nada querem saber da Europa e abraçam a Hispanidade como unidade desejando ser a Pátria Hispânica, existem ainda os que querem uma Europa Unida distanciando-se da América Latina e ainda mais da Hispanidade como unidade geopolítica. Há quem abrace o Livre Mercado e há quem acredite na socialização.

Há quem queira uma Espanha jacobina, centralizada e uniforme, e os que querem uma Espanha plural, respeitadora, integradora e unida. Há quem pense que Espanha está acima das ideias, das propostas e das ideologias e aqueles que pensam que a Pátria da Ideia está acima de Espanha e que a sua delimitação é a Europa.

Há quem ache que caso a Alemanha em 1940 tivesse invadido Espanha com o apoio de certos sectores falangistas, levantar-se-ia armas contra o invasor alemão, e há quem pense que foi uma pena essa invasão não ter ocorrido. Uns continuam a acreditar que tudo se perdeu em Berlim e outros que tudo se perdeu após a entrada do tenente-coronel da Guarda Civil, Antonio Tejero Molina, no Congresso dos Deputados.

Uns opõem-se radicalmente a todo o tipo de aborto, outros

---

[12] Cerca de 90% da população da Bósnia Herzegovina é muçulmana.

aceitam-no em caso de perigo de vida para a mãe ou em caso de violação, os mais ousados também o aceitam no caso de malformações psíquicas ou físicas. Outros apoiam que a Igreja – católica – intervenha no Estado, outros, por outro lado, só querem ver a Igreja em filmes ou em África a ajudar os desamparados. Há os que nos querem fazer desfilar ao som de "montanhas nevadas" e os que o querem relegar para a História. Uns querem sair à rua para reivindicar o regime de Franco e outros, sinceramente, não querem nem saber do Franco e do seu regime. Há os que se dedicam a recreações históricas e se vistam com as melhores fardas de gala da Wehrmacht, outros instalam o seu bunker particular no escritório da sua casa.

Uns são franquistas, outros são falangistas, outros nacional-sindicalistas, os mais "chiques", joseantonianos, outros identitários, uns menos nacional-bolcheviques, uns nacional-revolucionários e, como não podia deixar de ser, há os nacional-socialistas, os populistas, os carlistas, os nacional-democratas, os tradicionalistas, os nacional-católicos e outros são eles mesmos – com as suas manias e fobias – com os seus blogues às costas, mas mesmo assim muitos bloggers não passam de uns autênticos dementes.

Podia numerar mais divergências, pontos de vista e atitudes, podíamos falar dos que são mais isto e dos que são menos daquilo, mas como sempre afirmamos que as maiorias não têm porque ter razão e que as revoluções são levadas a cabo pelas minorias, não irei avaliar quem tem ou não razão mas direi que há quem queira unir todos aqueles aqui numerados num mesmo projecto e os que querem dividir os vários projectos de acordo com o seu respectivo tronco doutrinal, o que, evidentemente, me parece o mais acertado, lógico e consequente.

Perante esta diversidade surgem na Área projectos que iludem ou podem iludir, iniciativas que se devia apoiar, outras às quais há que espaçar o mais rapidamente possível e outras que mais vale nem ter em conta, a menos que nos queiramos ver envolvidos na planificação de um golpe de Estado com soldadinhos de chumbo e um arsenal de canetas-pistola; há associações ecológicas nas quais se defende realmente a natureza e o meio ambiente, há-as de defesa dos animais, desportivas, culturais, políticas; há publicações, editoras, rádios, portais na Internet. Há homens e mulheres que lutam sem pedir nada em troca, que o fazem por acreditar no que fazem, que padecem com a incompreensão do seu cônjuge, da sua família, dos seus colegas de trabalho e de parte da sociedade, mas que o superam por um princípio de Irmandade, de Paz e de Camaradagem que retiramos da nossa História, dos nossos Heróis e dos nossos Caídos.

Dissequemos a área

Há quem divida a Área em partidos católicos, falangistas e anti-imigração. Esta classificação é totalmente errónea, equívoca e interesseira já que, ante a problemática da imigração há um certo coincidir entre alguns dos partidos das ditas tendências. Mas, entre os partidos que se opõem à imigração extra-europeia em massa existem grandes diferenças, com efeito, há aqueles que se opõem somente à imigração muçulmana, os que não passam de meros xenófobos, os que apoiam a imigração oriunda da América Latina e os que se opõem a toda a imigração, seja ela qual for. Uma classificação mais correcta seria a de partidos de Direita Nacional ou Populista, Históricos e nacional-revolucionários.

Também há que mencionar, para mostrar uma visão muito mais ampla de acordo com a Área, os partidos nacional-católicos e a Esquerda Nacional.

Pois bem, não é minha intenção catalogar de forma fechada e inamovível os partidos, actuais ou futuros, numa ou noutra definição, não o pretendo, principalmente, devido à constante evolução de uns e de outros dar como imutáveis essas divisões, isso terá que decidir o leitor.

1. Direita Nacional ou Direita Populista

Trata-se dos partidos que, partindo dos postulados assumidos normalmente pela direita clássica, adoptam uma atitude muito mais radical na defesa da família, da unidade nacional, quanto ao terrorismo, a segurança dos cidadãos e uma postura contrária à imigração. Têm uma forte componente anti-esquerdista ao mesmo tempo que manifestam abertamente a sua raiz cristã como base ideológica, adoptando aspectos de "justiça social" dentre da defesa do livre mercado, ou seja do capitalismo. Algo que evidentemente os separa dos nacional-revolucionários.

São também partidos que não costumam aceitar esta etiqueta de Direita se acompanhada pela palavra Nacional ou Social, mas que tentam relacionar-se com partidos europeus que se definem desse modo, ao mesmo tempo que tentam claramente captar militantes das fileiras da direita conservadora. São partidos que acolhem indivíduos que optaram por abandonar os princípios ideológicos com o objectivo de aceder ao poder mediante a moderação do seu discurso político e indivíduos radicalizados dos partidos da direita clássica (PP), contrariados com a moderação destes ou pelas viragens ao centro político de todas as vezes que chegam ao poder.

Existem, também, vários partidos que podemos classificar neste contexto detendo uma actuação mais autonómica e diferenciada dos outros partidos de nível estatal, estes definem-se por uma postura muito mais identitária ou regionalista e baseiam o seu programa no populismo de direita e na anti-imigração.

Tanto os partidos de âmbito nacional como regional da direita nacional ou populista mantêm posturas favoráveis às políticas do Estado de Israel, sendo acusados, por parte dos NR, de serem euro-sionistas.[13]

---

[13] São etiquetados como euro-sionistas aqueles partidos ou indivíduos que apoiam abertamente a política externa de Israel. Consideram este Estado como a *"vanguarda do Ocidente"* contra o Islão, que consideram como sendo a principal ameaça mundial. Os dirigentes de partidos estritamente opostos à imigração muçulmana, como P. Brinkmann, G. Wilders, Filip Dewinter, F. Robert, etc., são partidários desta corrente pró israelita. Em Espanha várias personagens vinculadas

2. Históricos

Trata-se basicamente, em Espanha, de partidos de inspiração joseantoniana ou nacional-sindicalista e de partidos que atribuem a si mesmos a legitimidade falangista.

Os seus princípios ideológicos fundamentam-se preferencialmente nos textos herdados de José Antonio Primo de Rivera, de Ramiro Ledesma Ramos e Onésimo Redondo Ortega, embora em menor medida quanto a estes dois últimos.

Há quem assuma o falangismo franquista e quem o repudie. Há quem se considere falangista antifascista e também os que se consideram antieuropeus. Continuam a envergar em actos públicos, ou privados, o uniforme falangista da camisa azul, bem como a estética da milícia utilizada nos anos trinta e nos anos posteriores, correspondentes à era franquista e ao início da transição.

Há que acrescentar a este espaço aqueles partidos que nas suas manifestações e nos seus documentos públicos ou internos se qualificam abertamente como fascistas e dizem albergar no seu seio as tendências *"que lutam pela verdadeira Europa, cativa desde a queda de Berlim em 1945"*. Embora alguns dos seus militantes ou dirigentes se definam como nacional-revolucionários, e acreditamos que podem ser qualificados como tais, dado que este tipo de organizações aloja no seu interior um autêntico *totum revolutum* ideológico. Estes partidos ou associações podem perfeitamente reivindicar todos os fascismos históricos, ao mesmo tento que participam em actos de exaltação ao 18 de Julho ou de homenagem ao general politicamente anticomunista e economicamente ultraliberal Augusto Pinochet.

Acrescentemos aqui, também, aqueles grupos que se definem como nacional-socialistas, embora a maioria seja assumidamente cultural há também aqueles que mantêm uma certa actividade

---

a partidos da Direita Populista defendem esta postura, bem como o partido Espanha e Liberdade dirigido por Yolanda Couceiro Morín.

política, sendo os seus principais objectivos manter viva a memória do regime nacional-socialista, em geral, e de Adolf Hitler, em particular. Embora os primeiros repudiem como prioritária a acção política, os segundos tentam reivindicar com a sua actividade política o regime do III Reich. Na maior parte dos casos a existência destes grupos mais políticos é tão efémera quanto a gripe revolucionária dos seus líderes, ou desaparecem devido à repressão do sistema democrático.[14]

3. Nacional-Revolucionários

A eles dedicamos este livro, por isso dedicamos-lhes um capítulo à parte.

4. Nacional-Católicos

Podemos afirmar que a sua presença na Área é cada vez mais minoritária, embora durante a transição fossem o motor das Forças Nacionais. Não podemos esquecer que partidos como a Força Nova ou a Frente Nacional, ambos dirigidos por Blas Piñar, defendiam princípios profundamente católicos. O papel desempenhado por estes dois partidos marcou um antes e um depois com a sua dissolução.

Com alguns partidos da Área têm coabitado associações integralistas católicas, que têm estado presentes de forma continuada em actos políticos de vários partidos na Praça do Oriente na anual homenagem a Franco. Bandeiras com o Sagrado Coração de Jesus e os seguidos do monsenhor Lefèvre confundiam-se com as camisas azuis envergadas pelos franquistas e as boinas vermelhas dos

---

[14] A associação cultural Círculo de Estudos Indo-Europeus, de ideologia nacional-socialista, foi declarada ilegal pela justiça "democrática", apesar da dita associação sempre se ter posicionado pela obediência à legalidade e ao desenvolvimento de actividades eminentemente culturais. Antes da sua ilegalização já tinham decidido dissolver-se após terem sido detidos alguns dos seus dirigentes, na Catalunha, graças a uma farsa policial.

tradicionalistas. Hoje a sua presença em actos da Área é muito limitada, embora tenham sido fundados partidos políticos de inspiração cristã que centram a sua actividade nas temáticas do aborto e da unidade nacional. Em algumas ocasiões têm ocorrido acordos eleitorais entre esta corrente e partidos da Direita Nacional.

O seu discurso une basicamente duas ideias principais, o catolicismo militante radical e a defesa da unidade nacional. Os seus princípios advêm da Doutrina Social da Igreja, embora nalguns casos se oponham a determinadas decisões da hierarquia eclesiástica de Roma.

Podemos incluir aqui, com todas as variações que se queira, as organizações carlistas e tradicionalistas, com excepção do Partido Carlista.

5. Esquerda Nacional.

Poderíamos definir as suas bases políticas em: luta contra o liberalismo, antiparlamentarismo e construção do socialismo. União radical entre o Nacional e o Social. Repúdio quanto à colaboração com as formações reaccionárias da Área. Podemos situar como integrantes desta corrente: Santiago Montero Díaz, Narciso Perales e as organizações Frente Sindicalista Revolucionária e Alternativa Europeia.

A Esquerda Nacional seria a facção mais radicalmente socialista – não-marxista – e antidireitista da Área.

Salvo casos isolados, em Espanha os principais defensores desta linha no tempo menos distante – basicamente os provenientes da Alternativa Europeia – integraram-se no Movimento Social Republicano.

Fora de Espanha podemos falar da L'Organisation Lutte du Peuple, liderada por Yves Bataille, fundada no final de 1971 por alguns dissidentes da corrente de esquerda nacional da Ordre Noveau e dos socialistas europeus da Jovem Europa.[15]

---

[15] A OLP teve uma primeira fase nacional-revolucionária, evoluindo até posições

Na actualidade não se pode falar de nenhum partido que possa ser classificado como tal, salvo, talvez, o grupúsculo Partido Nacional Republicano.[16] Existem, também, alguns indivíduos e publicações isoladas, os quais maioritariamente são pessoas meramente marginais que fazem da sua excentricidade a sua causa política. Há os que se definem como nacional-bolcheviques e criam páginas na Internet ou colam alguns autocolantes com a foice e o martelo juntamente com a suástica; há quem se proclame parte da esquerda nacional antifascista e logo colabore com associações da direita capitalista. Normalmente são pessoas provenientes da Área, ou que com esta colaboraram, cuja evolução ou procedência os levou a posições afastadas desta e a apoiar partidos do sistema, como, por exemplo, o partido dirigido pela ex-deputada socialista Rosa Diez.

---

que alguns qualificam como nacional-bolcheviques. Yannick Sauveur na sua tese sobre a OLP afirma: "*a ideologia das várias facções da OLP apresentam uma mistura entre as teses de Jean Thiriart e um maoísmo à europeia*". Na publicação da OLP "Vontade e Acção", nº 5, afirma-se: "*Sim, em definitivo, admitimos a realidade de uma corrente nazi-maoísta, questionamo-nos se não se tratará simplesmente da transposição do nacional-bolchevismo, sendo o nazi-maoísmo nada mais que o nacional-bolchevismo dos anos 70, transformado em marco nacional. Já não se trata da Alemanha, mas sim da Europa. De igual modo, o bolchevismo já não é o dos anos 30. Apareceu Mao e a sua considerável contribuição prática e ideológica. Finalmente, a Europa unitária e comunitária que quer criar a OLP não é nem mais nem menos que a transposição da obra de Mao adaptada à realidade europeia e às mentalidades do povo europeu.*"

[16] Aquando da sua formação, este partido contou com a participação da Alternativa Europeia, as discrepâncias acerca do modelo de partido e da sua definição ideológica forçaram a AE a abandonar o projecto e a dar os primeiros passos da fugaz Liga Social Republicana, que culminaria na criação do MSR.

III

Que Significa Ser Nacional-Revolucionário?

"A viragem que urge dar não deverá ser da direita para a esquerda nem da esquerda para a direita. Erro mortal, verdadeiramente mortal, colocar-se tal questão! O que é necessário fazer é virar-se do falso para o autêntico."

José Ortega y Gasset

Segundo a enciclopédia alternativa *Metapédia*, na sua edição francesa, o nacional-revolucionário é partidário *"de uma ideologia normalmente considerada como sendo a ala esquerda do nacionalismo tradicional"*. Na opinião do historiador francês especialista em extrema-direita, Nicolás Lebourg: *"o nacionalismo-revolucionário é um dos fenómenos políticos mais originais das últimas décadas. Equivaleria a um neo-fascismo que seria um fascismo de esquerda."*

Como podemos encarar que o qualificativo de esquerda seja utilizado para diferenciar os NR dos restantes espaços da Área que já definimos. Então, como se explica que, de acordo com alguns especialistas, exista uma *ala de esquerda* no que vulgarmente se apoda de *extrema-direita*? Pode aceitar-se, por parte dos NR, esta terminologia de *ala esquerda* ou *fascismo de esquerda*? Se respondermos tendo em conta como se empregam esquematicamente os parâmetros políticos clássicos, temos que negar essa qualificação e afirmar rotundamente que não. Vejamos, temos de um lado o esquema tradicional, ou seja, a linha recta que vai de um extremo ao outro colocando no extremo que se encontra visualmente à nossa esquerda a extrema-esquerda e no oposto a extrema-direita, marcando o Centro como ponto intermédio. Tendo por base este gráfico não há qualquer lógica em definir os NR como "de esquerda", mas não será menos correcto afirmar que nesse gráfico os NR não têm qualquer colocação, encontram-se assumidamente fora dele. Por outro lado, caso essa linha recta tome a forma de uma ferradura, podemos observar como os dois pontos mais afastados se tornam os mais próximos, as denominadas extrema-esquerda e extrema-direita. Se a tal juntarmos dois círculos em cada extremo da ferradura e distribuirmos nestes as várias ideologias que se encontrariam fora dos padrões políticos tradicionais, então poderíamos aceitar que os NR pudessem estar presentes nessa esquematização sobre a colocação das forças políticas. Um posicionamento que se encontra mais próximo da esquerda – essencialmente em questões sociais – do que da direita. Ficaria então, explicado, o porquê de alguns politólogos definirem os NR como uma *ala esquerda* ou como um *fascismo de esquerda*.

Ora bem, os nacional-revolucionários negam-se a ser "classificados" ou "etiquetados" segundo o joguete da classe política do sistema, afirmamos a nossa transversalidade e, conscientes da necessidade de uma definição perante o nosso povo, assumimos como nossa a definição do "inconformista" francês Arnaud Dandieu quando afirmava que: *"não somos nem de direita nem de esquerda, mas caso seja rigorosamente necessário situarmo-nos em termos parlamentais, repetimos que nos encontramos a meio caminho entre a extrema-direita e a extrema-esquerda, por trás do presidente e de costas para a assembleia".*[17]

Com efeito, as referências dos NR não se encontram nem na direita nem na esquerda política, porque como já afirmava Ortega y Gasset: *"ser de esquerda ou de direita é optar por uma das inumeráveis maneiras que oferecem ao homem para ser um imbecil".* As referências dos NR não se encontram, tampouco, na direita ou na esquerda radical ou autoritária. Nem tampouco no centro político, autêntico refúgio da classe política mais oportunista.

---

[17] *La Révolution Nécessaire*, 1934, pág. 28.

As referências dos NR encontram-se, entre outros, em:

- No socialismo não-marxista de Louis-Auguste Blanqui e Pierre-Joseph Proudhon; no sindicalismo revolucionário de Georges Sorel e Filippo Corridoni; nos Círculos Proudhon e também entre os "inconformistas" dos anos trinta.

- Nas diversas correntes alemãs agrupadas sob a denominação de "Revolução Conservadora", como o radicalismo conservador de Moeller van den Bruck; o socialismo nacional dos irmãos Strasser; os nacional-revolucionários alemães de Ernst Jünger ou Karl Otto Paetel, passando pelos movimentos völkish. Bem como os filósofos alemães Martin Heidegger e Oswald Spengler.

- O socialismo italiano dos anos 20 defendido pelo jovem Mussolini; na experiência da República Social Italiana dos anos 40; e o socialista revolucionário Nicola Bombacci.

- O nacional-sindicalismo revolucionário de Ramiro Ledesma Ramos; nos contributos políticos de José Antonio Primo de Rivera; nas correntes do sindicalismo nacional conhecidas sob o nome de "hedillistas".

- As lutas nacionais nascidas do calor do justicialismo peronista e do socialismo pan-árabe nasserista. Bem como de outras alternativas socialistas nacionais como as de Velasco Alvarado.

- As experiências da Jovem Europa de Jean Thiriart e do nacional-comunitarismo posterior; da Frente de Libertação Europeia de Parker Yockey; do movimento político Ordine Nuovo e da Organização de Luta do Povo; do nacionalismo revolucionário de François Duprat; do solidarismo francês e do terceirismo italiano. Dos contributos ideológicos da chamada Nova Direita e da sua posterior evolução.

A) Os nacional-revolucionários

Logo à partida há que distinguir, pois é um erro muito comum, que um partido nacionalista revolucionário não é o mesmo que um partido nacional-revolucionário. Não será de mau tom, por exemplo, afirmar que existem partidos que são nacionalistas e revolucionários marcadamente independentistas e que existem partidos nacionalistas e revolucionários impregnados dum profundo jacobinismo espanhol, o que prova que o facto de se ser nacionalista e revolucionário por si só não é sinal de uma ideologia em concreto, já que supostamente os dois posicionamentos, o nacional e o revolucionário, por si mesmos, não possuem qualquer vinculação ideológica ao partidarismo nacional-revolucionário.

Em muitas ocasiões os partidos radicais da direita nacional ou os partidos nacionalistas espanhóis qualificam-se como revolucionários e afirmam ser nacional-revolucionários. Contudo, o que define um partido nacional-revolucionário? O que o diferencia de um partido radicalizado da direita nacional ou de um partido nacionalista e revolucionário?

Comecemos por referir como bases dos NR as publicações nacional-revolucionárias do final dos anos vinte e início dos anos trinta do século passado como o *Der Vormarsch* (O Avanço), dirigida por Ernst Jünger e Werner Lass ou *Widerstand* (Resistência) de Ernst Niekish, mas esses nacional-revolucionários, definidos como "a esquerda da direita", estavam, fruto da situação revolucionária da época, em constante evolução. Não estavam sujeitos à disciplina dos grandes partidos, pertenciam antes a elites políticas ou eram quadros políticos autónomos. Alguns militavam em partidos como o Comité de Combate dos Grupos Nacional-Revolucionários ou nos Grupos Nacionalistas Social-Revolucionários. Alguns destes NR viram no nacional-socialismo a "democracia do trabalho" defendida por Jünger, ou seja: "a verdadeira união entre o nacionalismo revolucionário e o socialismo". Outros, por seu lado, viam no nacional-socialismo a frustração das suas ânsias revolucionárias, desejando uma união com o Leste e opondo-se ao regime de Hitler. Em Espanha há que destacar como expoente máximo e ideólogo nacional-revolucionário, da união entre pátria e socialismo, Ramiro Ledesma Ramos.

Ora bem, a ideologia nacional-revolucionária, tal qual a conhecemos hoje, não ganha corpo nem estrutura senão transcorridas quase duas décadas desde o final da Guerra Civil Europeia que terminou, como dissemos, com a derrota dos fascismos e com a divisão da Europa às mãos dos vencedores.

Não é senão no início da década de sessenta do século XX que surgem os primeiros partidos declaradamente NR. Referimo-nos à Jovem Europa, aos Grupos Nacional-Revolucionários de Base, à Organização Luta do Povo, Ordine Nuovo ou aos grupos solidaristas. Em Espanha, como já referimos, o primeiro grupo com um forte sector nacional-revolucionário foi a Frente Nacional da Juventude[18] e posteriormente a Frente da Juventude[19]. Podemos mencionar outras pequenas organizações nascidas em meados da década dos anos oitenta, como o Movimento Autónomo Solidarista, a Terceira Via Solidarista[20], a Vanguarda Nacional-Revolucionária ou as Bases Autónomas e do Movimento Social Republicano como o primeiro partido NR a concorrer a umas eleições com um programa declaradamente NR.

Da análise dos fascismos históricos, do estudo das raízes que deram lugar aos mesmos e a sua evolução até 1945 e de uma profunda análise à nova realidade europeia surgem os fundamentos

---

[18] Para conhecer melhor a História deste partido, pode consultar-se: *"Frente Nacional de la Juventud"* do Colectivo Amanecer, Ediciones Nueva República, Molins de Rei, 2009.

[19] Para mais dados sobre este partido pode consultar-se: *"El Frente de la Juventud, su historia, sus documentos, su propaganda"*, do Colectivo Amanecer, Ediciones Nueva República, Molins de Rei, 2005.

[20] Para conhecer estes partidos é recomendável consultar o livro *"Fascismo Rojo"*, do Colectivo Karl-Otto Paetel, editado por este colectivo em 1999 e reeditado por Ediciones Nueva República em 2009.

da ideologia nacional-revolucionária. Respeita o passado, mas por intermédio da crítica e da análise dos erros cometidos buscam-se novas vias. Clemente Graziani, líder da organização italiana Ordine Nuovo diz-nos:

"O 'Centro Studi Ordine Nuovo' tem portanto o mérito de ter questionado as bases fundamentais do credo político que nos empurrou, com animus legionário, para a árdua provação da guerra. Alguns dos valores expressos pelo fascismo, que julgávamos como eternos, dissolveram-se como neve ao Sol uma vez analisados com a visão crítica que incluía princípios de visão aristocrática e tradicional.

Foi assim que o nacionalismo, o culto naturalista da pátria, resultou non valori: passando a nossa pátria a ser onde se lute pela ideia!; o conceito de Estado totalitário foi substituído pelo conceito do Estado orgânico; à necessidade de um chefe, do Dux, *do ditador, foi contraposta a necessidade da elite revolucionária; até chegarmos à religião cristã, vinda das profundezas da Galileia e considerada, como todas as religiões, a consequência de uma aceitação dogmática e irracional, contestada em nome de uma realidade metafísica superior, em nome da ascese heróica e guerreira que reintegra o Eu na sua dimensão mais profunda e originária (...)"*[21]

A este respeito, e referindo-nos a Espanha, podemos afirmar que a análise crítica dos fascismos históricos não chegou de forma clara e contundente até à década de setenta. Antes disto cria-se uma secção da Jovem Europa dirigida por Pedro Vallés e algumas publicações falangistas dissidentes que fariam eco à doutrina de Jean Thiriart, podendo ler-se:

---

[21] Secretário-Geral da Ordine Nuovo na altura em que esta organização foi acusada de "reconstruir o partido fascista". *Represión democrática. Juicio contra Ordine Nuovo en Italia*, pág. 16. Ed. Huguin, Barcelona. 1993.

"(...) a ideia da integração europeia pode ser atractiva para a Espanha caso a Europa que lhe seja proposta seja a que sugere Jean Thiriart: uma Europa forte, uma Europa transformada em grande potência, uma Europa independente e soberana."[22]

Com a criação de pequenos grupos políticos revolucionários surgidos das dissidências falangistas dar-se-iam os primeiros contactos com partidos europeus, principalmente com italianos e franceses. José Alsina, impulsor das teses NR nos anos setenta, escrevia:

" (...) Líamos François Duprat, Jean Thiriart, Julius Evola e René Guénon. Assumíamo-nos como partidários de uma Europa unida e as nossas referências políticas eram Juan Domingo Perón e Gamal Abdel Nasser. Assumíamo-nos como nacionalistas europeus e como revolucionários. Acreditávamos no socialismo nacional, identificávamo-nos com o falangismo revolucionário original (...) a FNJ foi um laboratório ideológico.

(...) Se surgir em Espanha um forte movimento nacional-revolucionário, este devia seguir algumas das vias vincadas pela FNJ: romper com a extrema-direita, capitalizar o descontentamento popular, procurar aliar-se com os sectores da esquerda que ainda não tenham sido absorvidos pelo Sistema, incidir na luta sindical, planear alternativas ideológicas, defender um europeísmo diferente e bem distinto do que se concebe em Bruxelas. Assumir-se, por fim, como movimento revolucionário".[23]

---

[22] Rodrigo Royo, director da revista *SP*, nº 342, Abril de 1967.
[23] Pág. 7 e 19, *"Frente Nacional de la Juventud"*, Ediciones Nueva República, Molins de Rei, 2009.

B) Os valores nacional-revolucionários

Dizíamos nós que os NR são classificados como a "ala esquerda" do neo-fascismo e afirmávamos que a nossa postura passava, precisamente, por recusar tal classificação. Com efeito, o principal ponto de separação, o que nos afasta radicalmente de toda a esquerda, são os Valores, a nossa concepção espiritual do nosso ser e da nossa comunidade. Dizia-nos o ensaísta francês de origem belga, Daniel Cologne:

" *(...) na actual demanda pela renovação europeia, o nacionalismo revolucionário não é uma terceira via entre o capitalismo e o comunismo, é mais exactamente a única corrente verdadeiramente revolucionária capaz de se opor à grande praga da nossa época: o materialismo*".[24]

Efectivamente, o NR é a antítese de qualquer doutrina materialista, expresse-se esta pela fórmula do liberalismo ou por detrás de qualquer disfarce sob o qual se oculte o marxismo. Existem, claramente, duas formas de entender e de conceber a vida, ou seja, de entender quem somos e o que fazemos aqui neste mundo. De um lado encontra-se uma visão do homem e da sociedade anexa ao mundo material: o materialismo.

Todos sabemos que o materialismo entende a matéria como sendo a única realidade, como valor único, recusando toda a concepção espiritual da existência. Para o materialismo o universo não é senão matéria, e a existência do Todo só é passível de explicação em termos científicos.

Neste campo deparamo-nos com duas manifestações políticas que abraçam este conceito, embora cada uma com expressões distintas: o

---

[24] *Elementos para un nuevo nacionalismo*, 1977. Editado pelo Círculo Cultura y Libertad – com o subtítulo *Por un Europa unida y libre*. Os seus postulados base indicam que estes valores são a luta contra o terrorismo intelectual, a ideia da Europa e a participação na edificação de um nacionalismo revolucionário europeu.

comunismo e o liberalismo.

Por outro lado temos a antítese do materialismo, uma concepção do homem e da existência vistas pelo espírito: a espiritualidade.

Também nesta concepção encontramos duas expressões, duas vias distintas da espiritualidade, por um lado a estritamente religiosa, ou seja, aquela que se manifesta tendo por base os princípios ditados por uma religião, por uma FÉ, seja esta a cristã, em todas as suas variantes, ou qualquer outra. Trata-se de uma espiritualidade universal, com uma vontade evangelizadora, de captação pela fé, que pretende unificar os povos, as culturas e as raças sob um mesmo credo.

Por outro lado, temos outra concepção espiritual, uma que repudia a concepção materialista, tanto do materialismo dialéctico marxista como a concepção materialista liberal, mas que ao mesmo tempo repudia, tendo por base os Valores que assume e defende, a espiritualidade proveniente da fé religiosa: a ESPIRITUALIDADE DOS VALORES. Com efeito, o NR acredita mais no herói do que no santo, em quem vence o bom combate mais do que o mártir submisso, contrapondo a fidelidade e a honra à caridade e à resignação, considerando a cobardia e o conformismo como um mal pior que o pecado; o NR não luta por um Paraíso celestial pleno de igualdades e felicidade, luta por uma concepção heróica do homem, por uma espiritualidade de combate contra a moral do escravo.

Desta espiritualidade surge o fascismo histórico, entendido como a totalidade de todas as ideologias que unam a Pátria e o Socialismo a um sentido espiritual de existência.

É claro que dentro dos fascismos históricos existem posições diferentes quanto à espiritualidade e aos valores da concepção religiosa, próprios, tal como indicamos, das suas próprias tradições históricas e da sua *Weltanschauung*.

Assim, há fascismos cuja raiz religiosa é inquestionável, como no caso da Guarda de Ferro romeno, do rexismo belga e inclusivamente sectores da Falange Espanhola; e outros que relegam o religioso para o foro íntimo, pessoal, caso do jonsismo nacional-sindicalista, do fascismo húngaro de Szalazi ou mesmo do nacional-socialismo alemão, onde essa matriz religiosa é substituída por uma espiritualidade dos Valores.

Os movimentos NR sempre defenderam a existência de um estado laico, considerando, ainda, que no plano ideológico é de todo contraditório assumir certos Valores religiosos quando se assumem Valores do Espírito, pois como é óbvio não se pode assumir duas concepções espirituais diferentes, ou seja não se pode estar ao serviço de duas fés. Por exemplo: o universalismo religioso e o seu proselitismo mundialista chocam de forma clara com a concepção de enraizamento e identidade dos NR. Por isso, podemos afirmar rotundamente que a ideologia nacional-revolucionária defende uma concepção espiritual de Valores à margem de qualquer materialismo e de qualquer concepção religiosa.

C) O que caracteriza o partido NR

Caso analisemos os movimentos fascistas europeus dos anos trinta notaremos que entre eles existem diferenças consideráveis dependendo das suas tradições históricas e das suas características particulares. Todos eles, contudo, coincidem nos motivos que os levaram a estruturar-se politicamente como alternativa de Valores ao período histórico onde existiram, o que os torna nas raízes de um mesmo tronco doutrinal. É por isso que não devemos estranhar que algumas dessas diferenças surjam também nos movimentos NR. Ora bem, se analisarmos os documentos, publicações e textos dos partidos nacional-revolucionários veremos que as diferenças são bem menores e que os pontos de coincidência são bem mais palpáveis. O motivo deve-se, principalmente, por partirem todos de um princípio unitário europeu e de um socialismo comunitário. As diferenças recaem, maioritariamente, em questões socio-laborais ou quanto a um maior ou menor regionalismo, por isso podemos dizer que o que caracteriza[25] e une os NR europeus é o seguinte:

---

[25] Em 1978 as Ediciones Acervo publicavam um livro de Ernesto Cadena,

1-A defesa da Europa como Pátria comum de todos os europeus. A crença em três dimensões de patriotismo: a Pátria Carnal (por exemplo a Catalunha), a Pátria Histórica (a Espanha) e a Pátria Política (a Europa).

2-O nacionalismo europeu de libertação contra o imperialismo yankee-sionista. O apoio às lutas de libertação nacional anti-imperialistas.

3-O Socialismo Comunitário. A nacionalização de sectores estratégicos para a Comunidade Nacional.

4-Laicidade do Estado.

São estes quatro pontos aqueles que caracterizam um partido NR e são, precisamente, estes quatro pontos aqueles que diferenciam os NR daqueles que sob uma imagética nacionalista e revolucionária utilizam palavras de ordem, símbolos e discursos próprios dos NR, direitizando-os e deturpando desse modo as normas e objectivos do movimento nacional-revolucionário. Com efeito, uns negam toda e qualquer visão geopolítica da Europa; outros repudiam a identidade dos povos europeus; uns opõem-se ao socialismo comunitário e reivindicam o livre mercado. Todos eles fazem parte dessa extrema-direita que se sente atraída pela forma, pela estética e pelo espírito revolucionário que impregnam os NR, mas como máscara, como invólucro no qual ocultam a sua verdadeira face. Podemos indicar, a título de exemplo, centenas de indivíduos direitizados que envergaram durante muitos anos a camisa azul falangista e que nunca acreditaram na aplicabilidade da ideologia nacional-

---

pseudónimo de Ernesto Milà, intitulado *"La Ofensiva Neo-Fascista"*. Nele podemos ler a este respeito o seguinte: *"Os eixos do pensamento nacional-revolucionário. [...] os seus pontos ideológicos mais concretos sobre os quais repousam as suas orientações programáticas são: nacionalismo de libertação, luta contra o imperialismo russo-norte-americano, uma certa condescendência para com o comunismo chinês, o socialismo nacional como proposta organizativa da sociedade, a união europeia, a cultura nacional e popular e a economia comunitária."*

sindicalista, e todos esses supostos NR que actualmente nutrem as fileiras da direita populista.

Podíamos reduzir a linha política dos NR a duas ideias força: Pátria e Socialismo. Dois conceitos referenciados por Ramiro Ledesma Ramos no seu *Discurso à Juventude de Espanha*: *"Têm aqui essas suas alavancas: uma a ideia nacional, a Pátria, como empreendimento histórico e como salvaguarda da existência histórica de todos os espanhóis; a outra, a ideia social, a economia socialista, como salvaguarda do pão e do bem-estar económico de todo o povo"*.[26]

Essa união entre o Nacional e o Social está presente em todos os movimentos NR. A organização nacional-revolucionária francesa Nouvelle Résistance popularizou na década de noventa do século passado uma frase de Lenine, convertida em lema, que resumia perfeitamente essa simbiose entre o nacional e o social: *"Fazei da causa do povo a causa da nação e a causa da nação será a causa do povo"*. Curiosamente esta frase de Lenine é muito parecida com outra escrita num dos livros mais célebres do ministro da Propaganda do III Reich, Joseph Goebbels, *O Combate por Berlim*: " *(o NS) faz da causa do Povo a sua causa, com a convicção de que o povo fará da sua causa uma causa Nacional e Popular"*.

O socialismo comunitário dos NR defende, como princípio fundamental, que os interesses da Comunidade Nacional estão acima dos interesses particulares e de grupo. Assim sendo, a economia está sujeita ao bem comum da nação. Tal pode expressar-se da seguinte forma:

- As empresas de crucial importância estratégica para a nação serão nacionalizadas. Bem como os serviços e transportes públicos, a investigação [científica] e a Banca.
- As médias empresas deverão tender a desenvolver-se sob o sistema de co-gestão, ou seja, os trabalhadores participarão na direcção e na gestão da empresa. Do mesmo modo se impulsionará também o modelo da economia socializada. A média empresa que

---

[26] *Discurso a las Juventudes de España*, pág. 20.

funcione de modo completamente privado estará sob a alçada do Estado. Toda a acumulação de capital com fins especulativos, e como tal contrários ao interesse nacional, será expropriada.

- As empresas familiares, bem como as pequenas empresas, as cooperativas e as empresas auto-gestionadas serão iniciativas apoiadas e aprimoradas pelo Estado. A iniciativa privada que fomenta o pequeno comércio deve ser um dos principais motores económicos da Comunidade Nacional.

As palavras de François Duprat a este respeito são extremamente claras: *"o capitalismo é uma fórmula económica que implica o esclavagismo da nossa nação, (...) a nação deve levar a cabo o controlo da sua vida económica e, principalmente, daqueles sectores onde os interesses estrangeiros sejam mais influentes. Os bancos, a tecnologia de ponta, os centros de investigação e distribuição devem ser recuperados para o povo".* [27]

Os nacional-revolucionários interpretaram de modo perfeito a ideia geopolítica da Europa. Com efeito, os NR acreditam numa tripla dimensão territorial, por um lado são identitários, defendem a identidade dos povos, o seu apego à terra e às suas raízes, tanto culturais como sociais e tradicionais; por outro lado os NR são nacionais, têm orgulho na sua História, dos seus feitos, dos seus contributos para a cultura, a ciência, a técnica, as grandes obras de arte; por fim, os NR sentem-se imperiais, acreditam na Pátria europeia, nessa Pátria comum de todos os europeus onde, respeitando os princípios nacionais, se dá precedência aos interesses políticos, económicos e militares da Grande Europa, um amplo espaço geográfico capaz de fazer frente aos actuais blocos geopolíticos e a outros ainda emergentes. *"A Europa será imperial ou não será. O império é a forma e a essência do nosso devir histórico. Este conceito é simultaneamente espiritual e orgânico."*

Quanto à reivindicação do Estado laico por parte dos NR, há que

---

[27] Duprat; *Antología de textos*, Pag. 28, Ediciones Nueva República. Barcelona, 2007.

dizer que este ponto tem sido sempre utilizado pela Direita Nacional para atacar os nacional-revolucionários acusando-os de serem anti-cristãos e etiquetando-os despeitadamente como pagãos. Pessoalmente pude testemunhar um episódio com estas características no Parlamento Europeu em Estrasburgo, onde membros de um partido da Direita Nacional espanhola acusaram o Movimento Social Republicano de ser anti-cristão. Bem, os NR são pessoas que respeitam as crenças religiosas dos membros da comunidade nacional, não pretendendo discriminar ninguém pelas suas crenças religiosas. Com efeito, o NR defende tanto o cristianismo como o paganismo por estarem incrustados nas tradições dos povos europeus. Mesmo assim, o movimento NR entende que a crença religiosa pertence ao hemisfério privado das pessoas. Defender a laicidade do Estado não significa estar contra nenhuma religião enraizada no solo europeu, o NR defende o Estado laico precisamente por ter um respeito absoluto para com todas as crenças religiosas que não vão contra os interesses do Estado ou atentem contra a dignidade dos indivíduos. O NR aposta, consequentemente, na total separação entre as instituições religiosas e o Estado

D) Os NR e a área

Há, dentro das fileiras nacional-revolucionárias, vozes que afirmam que a área não existe, que a sua diversidade torna impossível a sua própria existência e que continuar a falar desta só serve para manter vivo um mito. Quem sabe. Não lhes tiro parte da razão, razão que compartilho de modo parcial. É verdade que existem posicionamentos ideológicos que fazem com que os diferentes espaços nunca se possam entender. Nunca se poderá unir, por exemplo, quem queira impor o Estado confessional com quem defenda a laicidade deste; nunca se poderá unir quem queira uma Europa unida com quem nada quer ter a ver com a Europa.

Chegando a este ponto, temos que ter consciência do que é

possível unir realmente e do que não é; e temos que ser capazes de alcançar esse objectivo utilizando os métodos mais adequados.

Hoje, como já sabemos, não se pode analisar a política empregando as esquematizações de esquerda e de direita ou de marxismo e liberalismo. Com efeito, o liberalismo devorou o marxismo, tornando-o em algo meramente residual, além que a esquerda e a direita unificaram-se em critérios económicos tornando-se num mesmo corpo de interesses comuns. Hoje a geopolítica obriga-nos a analisar o que ocorre a milhares de quilómetros de Espanha uma vez que, quer gostemos ou não, tal nos afecta; actualmente a política meio-ambiental é um factor decisivo para o nosso futuro; por isso é essencial que a área se situe no mundo real. Sem uma política real a Área será tão residual como o marxismo.

Sem esse realismo político a Área até poderá existir, mas ver-se-á irremediavelmente abandonada por aqueles que queiram sentir-se no século XXI. Afirmei em determinada ocasião que se calhar tinha chegado a altura de criar outra Área, uma Área patriótica que não vivesse do passado nem no passado, uma Área que embora reconhecendo-se nesse passado avançasse para o futuro rompendo com tudo o que está ultrapassado e abraçando o presente.

Sempre defendi que o importante, o mais importante, são as ideias e os princípios. A forma como apresentamos essas ideias e esses princípios à sociedade marcará a via do sucesso ou do fracasso.

Creio que chegou a hora de delimitar os espaços. É necessário desbastá-los para clarificar e despejar a Área. Um bosque demasiado espesso nunca nos deixará ver a luz e fará com que nos percamos com mil trivialidades. É preciso que os espaços estejam claramente definidos e unidos em torno de um projecto credível no qual a palavra utopia não exista senão como referência a ilusões realizáveis.

Se formos capazes de unir, definir e delimitar os espaços, poderemos depois estudar as fórmulas idóneas para analisar a possibilidade, sendo conveniente, de nos movermos paralelamente tendo em vista um mesmo objectivo comum aos diferentes espaços da nossa Área.

A Área será uma área útil enquanto avançar tendo em vista o

futuro, caso contrário a Área será uma área morta e o nosso povo precisa de espaços vivos, apaixonados e dedicados que, por sua vez, transpareçam a imagem de serem credíveis. Sem luta não há vitória, contudo se não formos capazes de ver a realidade a luta converte-se em algazarra e a vitória num sonho transformado em pesadelo.

O movimento NR é um movimento vivo, dinâmico, de vanguarda, não pode, em absoluto, enquistar-se numa área imóvel, reaccionária e ultrapassada. Fora da Área, indubitavelmente, os NR também têm vida.

E) Por umas bases NR

Para delinear umas bases NR é necessário definir a noção de Valores, Ideologia e Programa Político e outorgar-lhes, assim, a sua posição exacta na nossa concepção Espiritual. Se confundirmos os vários aspectos será impossível articular um discurso que seja claro e compreensível.

VALORES. Os Valores equivalem ao objecto intencional de uma avaliação acerca da vida e acerca do "sentido" desta. Ou seja, aquilo que nos orienta e motiva.

IDEOLOGIA. A ideologia é o conjunto ordenado de ideias que representam de modo mais ou menos sistemático uma visão histórico-social, constituem as orientações para a acção prática destas.

PROGRAMA POLÍTICO. O programa político representa o compêndio de objectivos ou fins específicos que uma organização política propõe realizar para chegar ao governo. O programa constitui a base da acção de uma organização política nas suas aspirações mais fundamentais. Podemos concluir que a Ideologia é um conjunto de ideias e que o Programa é um conjunto de medidas e propostas.

Há que afirmar categoricamente que o programa político varia de acordo com as circunstâncias próprias de cada altura; a ideologia só pode variar nalgum aspecto em concreto em função de alguma circunstância extraordinária, contudo os Valores, aquilo que "*nos orienta e motiva*", são imutáveis, mudar de Valores significa mudar o sentido acerca da vida e, consequentemente, mudar-se a orientação da Ideologia e, com esta, o Programa Político.

Em 1973, François Duprat redigia o seu *Manifesto Nacionalista Revolucionário*[28], no qual delineava as linhas a seguir pelos NR franceses. As suas formulações continuam, em muitos aspectos, repletas de actualidade:

"*Os nacional-revolucionários combatem por uma revolução radical; para tal é indispensável que os militantes se eduquem num espírito verdadeiramente revolucionário [...] Um nacional-revolucionário deve aceitar a disciplina interna da sua organização, repudiar o divisionismo e ter consciência da amplitude da sua missão [...] É necessário rever os nossos conceitos, tanto teóricos como práticos. Temos a obrigação de romper com o passado anarquizante e pequeno burguês que tem impedido os NR de disporem de um aparato político eficaz [...] não pode haver lugar para qualquer contaminação ideológica.*"

Duprat, com a lucidez que o caracterizava, já então o advertia e estava, evidentemente, certo, tão certo que as suas palavras são ainda hoje repetidas pelos actuais dirigentes nacional-revolucionários ao depararem-se com os mesmos problemas já expostos pelo ideólogo gaulês. Com efeito, a contaminação ideológica dos NR tem sido uma constante, em redor destas siglas – NR – têm-se unido elementos da direita mais extrema e reaccionária; indivíduos desenraizados sem outra ideologia além da provocação mais violenta e pretensiosa; pessoas atraídas por um discurso transversal e por uma estética que os magnetiza. No seio dos movimentos NR têm-se desenvolvido atitudes anárquicas e pequeno burguesas por parte de alguns quadros

---

[28] Op. Cit. Pág. 35.

e militantes que têm feito florescer a indisciplina, o individualismo e a falta de compromisso comunitário dentro das suas organizações. Como tal é necessário, imprescindível e fundamental que todo o militante NR acredite no projecto nacional-revolucionário, nos seus dirigentes, nas suas estratégias e tácticas, é indispensável ter fé no propósito pelo qual se luta. Sem essa convicção todo e qualquer projecto estará condenado ao fracasso e não será o Sistema quem nos derrotará, seremos derrotados pelas nossas próprias mãos ao não ter sabido criar uma consciência revolucionária dentro de uma comunidade militante.

Sabemos, como também já indicava François Duprat, que: *"construir um Partido Revolucionário não é uma tarefa fácil, mas pela primeira vez temos as bases teóricas necessárias para a sua constituição [...] É a hora da acção em vez da crítica estéril; da reflexão teórica em vez das discriminações sem futuro. Continuemos o nosso combate, mas fundando-o nas nossas bases.*[29] Com efeito, construir o partido revolucionário não é uma tarefa fácil, as primeiras inconveniências com que nos deparamos são aquelas criadas pelo próprio Sistema (a proibição das actividades, multas, repressão, falsas acusações), mas as principais dificuldades encontram-se na nossa própria Área NR e no seu ambiente. Com efeito, em nome da pureza ideológica criam-se guetos, seitas e pequenas comunidades nas quais não há lugar para a acção política ou para certas estratégias. Esquecem-se que para avançar é preciso mover-se nas direcções que não só sejam as mais correctas mas também as possíveis. O importante, o mais importante, é agir sempre sem se renunciar aos princípios ideológicos. Um movimento táctico que uma organização NR julgue ser necessário tomar com a convicção de que com ele poderá avançar é completamente lícito, caso se parta do princípio de que essa mobilização não irá modificar os seus postulados ideológicos. Um partido revolucionário deve mover-se pelos canais que as leis lhe permitam e pelos espaços onde possa crescer, para isso é necessário estudar afincadamente essas mobilizações e agir mais com a cabeça do que com o coração, no

---

[29] Op. Cit. Pág. 51.

54

final o que outorga o sucesso ou o fracasso da estratégia utilizada são, indubitavelmente, os resultados obtidos.

Os NR têm as suas bases teóricas e é fundamental aprofundá-las adequando-as à realidade política mundial. É esta tarefa que hoje realiza em Espanha o Movimento Social Republicano. Por isso, é preciso que os NR estejam num partido NR, sob um programa NR e uma única acção: a nacional-revolucionária. Quanto mais coeso for o discurso, quanto mais unido for a militância no seu conjunto, maior será a sua força e maiores serão as probabilidades de sucesso. As aventuras políticas entristas acabaram sempre mal para os NR, o mesmo vale para as estratégias frentistas por se terem sempre realizado com base na debilidade organizativa e estrutural. Só um partido NR forte e coeso, com um programa NR viável e credível, uma vontade revolucionária NR clara e popular e um comportamento militante ético e honrado, tanto em público como em privado, irá permitir que avancemos de modo a obter pequenas parcelas de poder a curto prazo e a sucessos políticos a médio prazo.

Conscientes, pois, da realidade nacional e social que nos calhou viver somos, os homens e as mulheres NR, portadores de Valores transcendentais que marcam a nossa cosmovisão do mundo e os nossos princípios ideológicos, os quais se encontram reflectidos nestas páginas e, por conseguinte, tais são a orientação e a norma da nossa ideologia nacional-revolucionária.

Entrevistas

Unité Radicale (1988)[30]

    Juan Antonio Llopart Senent tem 33 anos, é casado e pai de uma criança. Trabalha numa empresa de distribuição discográfica. Desde a sua adolescência que a sua vida se encontra estreitamente ligada ao nacionalismo revolucionário espanhol. Membro do Secretariado Unificado da Frente de Libertação Europeia, é dirigente da Liga Social Republicana (anteriormente, Alternativa Europeia) e director da *Tribuna de Europa*. É o autor da obra "Ledesma Ramos, Um Nacional-Bolchevique?" e encontra-se actualmente a trabalhar numa obra sobre a "esquerda fascista" em Espanha.

---

[30] Publicado originalmente na *Résistance!*, órgão oficial da Unité Radicale, em Março de 1988.

Juan Antonio Llopart, fale-nos um pouco acerca do seu passado militante.

Ingressei na Frente de Juventude aos 16 anos. Após a sua dissolução fui activista em Barcelona do Movimento Falangista da Espanha, até 1986. Concluindo que era estéril continuar a lutar sob a etiqueta "falangista" fundei então o Movimento Solidarista Autónomo, que se amalgamou com outros grupos de pequena dimensão e deu lugar à Terceira Via Solidarista. Publicámos a versão espanhola da *Revolução Europeia* e éramos uma espécie de secção espanhola da Terceira Via francesa. Este movimento entrou num período de crise em 1990. Entrei então, com alguns dos outros membros, para o grupo Vanguarda. Na mesma altura estava à frente da Frente Nacional de Juventude em Barcelona. Mas não durante muito tempo devido à impossibilidade de se trabalhar como NR no seio de um partido da direita nacionalista espanhola. Contribui então para a fundação da Alternativa Europeia.

A que se deveu a criação desse grupo?

Eu e outros ex-militantes da Terceira Via Solidarista tínhamos entrado para a Vanguarda. Este grupo acabou por evoluir do nacionalismo revolucionário para a direita nacionalista, transformando-se sucessivamente no Instituto de Estudos Sociais e na Democracia Nacional.

Não aceitamos esta evolução. Queríamos trabalhar numa alternativa que fosse nacional-revolucionária, socialista e europeia. Não nos importava a dimensão do movimento e tal ainda nos é irrelevante. O mais importante era a qualidade dos nossos militantes e a sua fidelidade às nossas ideias.

Quais são as bases ideológicas da Liga Social Republicana?

Cingimo-nos principalmente ao nacional-sindicalismo revolucionário de Ramiro Ledesma Ramos, fundador das JONS. Encontramo-nos também embebidos pelos nacionalistas revolucionários alemães como Paetel ou Jünger e ao contributo

59

doutrinal de Jean Thiriart. É também importante mencionar a influência dos movimentos de Terceira Via ibero-americana, como o justicialismo de Perón ou o aprismo de Haya de la Torre.

Foram apodados de nacional-bolcheviques. Porquê?
As etiquetas têm pouca importância, o que conta são os factos. A Alternativa Europeia foi sempre uma organização NR.

Ser apodado de nacional-bolcheviques é uma maneira de assumir a luta social. É uma maneira de dar a conhecer personalidades importantes como Bombacci, Niekish, Strasser, Paetel, etc. É crucial para evitar que os Rambos, os doidos e os idiotas se queiram juntar a nós.

Ser apodado de nacional-bolchevique é ser NR de um modo radical e firme.

É extremamente crítico quanto à direita nacionalista espanhola. A que se deve?
A direita nacionalista, não deixa de ser a direita. Consequentemente, não querem quaisquer relações connosco. Um NR não pode militar num país que toma como sua a Espanha mas que ignora os espanhóis... Um NR não pode aceitar uma política económica liberal. Um NR não pode aproximar-se de quem não compreende a diversidade do seu povo.

Um NR deve trabalhar numa comunidade militante NR, numa organização NR, com um programa NR. Aqueles que não o compreendem não são nem nacionalistas nem revolucionários...

Na Espanha actual existem duas organizações que podemos definir como sendo de direita nacionalista: a Aliança para a Unidade Nacional e a Democracia Nacional. Estas duas estruturas não têm nada em comum com os NR e mesmo que possuam uma minoria NR nas suas fileiras, não é por isso que agem como tal. Nisso, a nossa situação difere das da França e da Bélgica.

Quais são as vossas relações com os grupos falangistas e a sua opinião acerca da restauração da FE-JONS levada a cabo por Gustavo Morales e Miguel Hedilla?

Não temos qualquer relação oficial com nenhum grupo falangista. Temos boas relações com alguns militantes falangistas e alguns membros da Liga Social Republicana militaram em grupos falangistas no passado.

Quanto à restauração da FE-JONS, creio que essa restauração foi feita de cima para baixo e não chegou às bases. Não podemos esquecer que historicamente a Falange foi o seu próprio maior inimigo. Contudo, a Liga Social Republicana vê com bons olhos a tentativa de restauração da Falange pelos ex-militantes hedillistas. Sempre me manifestei como sendo a favor da constituição da uma Frente Unida com a FE-JONS. Mas não sei se a Falange estará disposta a falar connosco.

E o franquismo? Qual a vossa opinião acerca deste?

Nenhum NR pode ser pró-Franco. O regime de Franco encarcerou os nossos juntamente com os republicanos.

O regime que governou a Espanha durante 36 anos não era mais do que um regime de direita abençoado pela Igreja Católica e pela oligarquia financeira espanhola. Mais nada.

Qual a posição da LSR quanto à religião?

A Espanha ainda se encontra muito influenciada pelo catolicismo e a sua moral. A LSR é um movimento de bases no qual coabitam crentes e não crentes.

Numa base estritamente pessoal, interesso-me mais pelas raízes espirituais europeias do nosso povo do que por quaisquer importações judaico-cristãs.

Que relação vêem entre o mundo hispânico e a Europa?

A LSR é um movimento pan-europeísta que considera a Europa como uma nação. A Europa deve auxiliar aqueles movimentos que lutam pela unidade ibero-americana e pela libertação do imperialismo yankee.

A LSR considera a Espanha como sendo a ponte natural entre a Europa e a América Latina, mas opomo-nos à ideia de que o povo ibero-americano faz parte da Espanha.

Ciudad de los Cesares (2007)[31]

José Luis Ontiveros

Juan Antonio Llopart é um dos jovens expoentes do pensamento social patriótico em Espanha, o mais relevante e emblemático dirigente do Movimento Social Republicano, com uma ampla rede de apoio celular, é também responsável pelos projectos culturais alternativos e metapolíticos mais atractivos da península neste início do século XXI, numa Espanha irreconhecível, invertebrada, parte integrante da União Usocrática Európida marcada pelo estatuto do bem-estar, do hedonismo, da desmobilização da juventude e da entronização da uma geração atomizada, senilmente adolescente, efebocraticamente artrítica, a geração *chewing-gum* do desejável, virtual, utilitário e, isso sim, com umas formas femininas admiráveis

---

[31] Publicado originalmente na revista chilena *Ciudad de los Césares*, Agosto de 2007.

e esculturais, resultado de um processo eugénico racial puramente zoológico, que já surgia na fase terminal do franquismo mas que hoje atingiu um patamar absoluto de expressão estética, superficial e esguia, digna da atenção dos estetas e de alguns seguidores de Schopenhauer.

Contudo, Llopart faz parte de um núcleo de elite e estas notas pitorescas em redor da entrevista devem-se à irresistível dialéctica do traseiro, ao qual já se referia o genial Céline, deslumbrando os visitantes ibero-americanos que continuam a querer encontrar numa Espanha que nega a sua História, o símbolo imperial que uniu a nossa estirpe feixe de flechas, assim por ocasião das II Jornadas da Dissidência, em Madrid, Juan Antonio Llopart, responsável pelo mais importante projecto editorial alternativo espanhol, Ediciones Nueva Republica, por sua vez edita, sob a direcção do talentoso e jovem Jordi Garriga, a mais interessante revista de pensamento diferencialista espanhol, *Nihil Obstat*, fala-nos numa entrevista exclusiva a *Ciudad de los Césares*, do Círculo de Estudos La Emboscadura, do debate central destas II Jornadas da Dissidência às quais assiste como convidado especial o historiador e director da *CC*, Erwin Robertson, entre outras personalidades, em torno das "Ideias Para a Mobilização Total", da situação peninsular e europeia, da visão sobre o Islão militante, da concepção que se tem actualmente da América Latina, das novidades das Ediciones Nueva Republica entre outros assuntos polémicos e interessantes.

Qual o sentido de convocar e realizar estas II Jornadas da Dissidência?

Nas Jornadas anteriores, nas quais tivemos o prazer de te ter entre nós, pudeste comprovar por ti mesmo as actividades que levamos a cabo, conferências, mesas redondas, exposições, apresentações, stands culturais, música... tudo isso que é normal realizar-se noutros países, como a Itália ou a França, mas que nunca se tinha realizado antes em Espanha. Foi um repto importante. Para o realizar contamos com o apoio da associação Terra e Povo e considero que o resultado foi mais que positivo. Nestas II Jornadas o repto é superarnos, e embora desta vez sejam organizadas somente pelo Círculo de Estudos La Emboscadura com o apoio das Ediciones Nueva Republica, esperamos cumprir o nosso objectivo: manter esta iniciativa anualmente para dotar a Área Social Nacional, Europeia e Revolucionário de um espaço Cultural e de Ideias.

É evidente a identificação com Ernst Jünger tanto do Círculo de Estudos como na temática, não sei como o vês, destas "Ideias Para a Mobilização Total", até que ponto está Jünger presente neste esforço?

Dizia Jünger que depois do Trabalhador e do Soldado Desconhecido surgia a figura do Emboscado, e com efeito hoje os resistentes à globalização e ao pensamento único vindos do campo Nacional e Social são emboscados, decididos a oferecer resistência "aqui e agora". O CELE não passa de mais uma componente dessa resistência.

Noto nesta visita a Espanha, após 15 anos de ausência, uma sociedade muito mais aberta e hedonista, hermética, [alheia] a toda a iniciativa heróica, que discurso poderá atrair os jovens que só pensam em comprar um apartamento, ter um carro ou ir de férias?

Bem, Espanha está perdida na voragem do consumismo, na carência de valores, no egoísmo mais absoluto, diria que os espanhóis se converteram em animais democráticos perfeitos, meros objectos marcados com um código de barras que lhes permite aceder à sua conta bancária e sobreviver numa sociedade do bem-estar, à custa de muitos, e do mal ser só um. O seu Deus é a Banca e a sua Fé um cartão de plástico. Perante esta realidade, a juventude não procura discursos, procura integrar-se no Sistema. Mas surgem sempre resistentes, Emboscados, lutadores por ideias éticas e heróicas. O nosso discurso dirige-se a esses, quando acabar o ciclo do bem-estar, será o nosso momento.

Não sei se estamos de acordo, mas é notável a desmobilização da juventude em todas as suas facetas, parece que impera o "correcto" e, principalmente, o descomprometimento, o intercâmbio das convicções, consegue-se obter um nicho no mercado das opiniões ou vocês repudiam a noção de mercado ideológico?

Mobilizar-se significa entregar-se a uma causa, as pessoas que assumem lutar por essas causas que desafiam abertamente o Sistema sofrem a repressão policial ou, sinceramente de uma forma mais subtil mas talvez mais contundente, são isoladas pela comunidade e marginalizadas, seja no trabalho ou noutras facetas sociais, como pela família ou par romântico. Perante esta perspectiva, são poucos aqueles que assumem o risco e ainda menos os que vivem a sua vida correndo diariamente esse risco. Por isso, é mais fácil esconder a cabeça, dobrar as costas e calar.

Fala-se com os jovens espanhóis e estes normalmente ignoram não só a sua História mas até que tiveram um Império, num sentido espiritual e cultural, não é uma tarefa demasiado difícil fazer com que os jovens regressem aos princípios identitários?

O nível de formação dos jovens espanhóis é um dos mais baixos da Europa, por outro lado somos os primeiros no que toca ao consumo de drogas. Perante estas tristes e lamentáveis circunstâncias não é estranho, pois, que como bem dizes, exista essa ignorância. Regressar aos princípios identitários europeus, aprender com as páginas mais importantes e gloriosas da nossa História, recuperar os nossos Valores Heróicos, será, é, imprescindível para que o nosso Espírito permaneça. É uma tarefa difícil, mas sem tarefas difíceis não vale a pena viver, não nascemos para vagabundear sem rumo, nascemos para preencher a nossa vida com impossibilidades.

As relações eróticas nesta Espanha mercantil são um aspecto que ainda não se reproduz nas sociedades ibero-americanas, muito mais provincianas, há nesta revolução erótica com mulheres tão esplêndidas algo que possa ser resgatado, mais profundo que a subcultura do preservativo?

Espanha viveu uma época muito extensa com a imposição do chamado "nacional-catolicismo", onde tudo o que tinha a ver com sexo era pecado. Existia, como existe, uma hipócrita dupla moral. Morto Franco e, desmontadas todas as estruturas do seu regime, chegou a abertura sexual que, entre outras coisas, conseguiu que os espanhóis deixassem de se ridicularizar com as suas viagens organizadas a França para ver películas tão más – digo eu – como "Último Tango em Paris". Mas como em quase tudo, passou-se de uma sã normalização na qual falar de sexo já não era tabu a um estado de imbecilidade colectiva no qual o sexo surge até em normas de conduta dos centros educativos, onde se faz a apologia da masturbação entre os menores de idade, da homossexualidade, etc. Hoje, a libertinagem – não a liberdade – sexual levou-nos a uma sociedade completamente hedonista, onde a promiscuidade e a ausência de uma moral sã prevalecem. Passamos da castradora moral nacional-católica ao asqueroso comportamento hedonista liberal ou como dizes à subcultura do preservativo. Ambos os comportamentos são nocivos para o homem e para a mulher, só querer ser como se é, com o seu corpo e ser, e viver uma sexualidade sã e plena nos tornaria a todos mais dignos e em maior conformidade com nós próprios.

Como mobilizar e falar de "Ideias Para a Mobilização Total" quando predomina a desmobilização graças à anestesia diária que injectam os "agarrados" mediáticos e os discursos partidocráticos do bem-estar acima de tudo?

Não há uma fórmula simples que nos diga o que fazer, nem como o fazer com os nossos escassos meios e contra centenas de milhar de mensagens diárias contrárias à nossa "mobilização total", emitidas pelos canais de televisão ou nas películas do cinema, pelas páginas dos livros e dos periódicos, dos púlpitos ou dos centros de ensino. Estamos sós, temos poucos meios e recebemos muitos maus tratos do Sistema, mas a nossa vontade é de ferro, acreditamos na nossa verdade e as contradições do Sistema são cada vez mais evidentes. O nosso objectivo é formar quadros, montar estruturas sólidas e dar o exemplo. O trabalho constante e diário irá aproximar-nos das pessoas que vão despertando da sua imensa letargia e a outras que se irão libertar, pouco a pouco, da venda que lhes cobre os olhos. Chegará a altura em que iremos – ou irá outra geração – liderar a Mobilização Total. Se com o nosso trabalho conseguirmos transmitir os nossos Valores a novas gerações, deixando-lhes o nosso legado, todo o nosso esforço terá valido a pena.

Para si, quais são as características culturais mais nefastas que se instalaram na Espanha do século XXI?

Não podemos falar de características culturais nefastas sem referirmos o conjunto de todos os actos quotidianos ou a tudo o que nos rodeia. Por exemplo, a vomitativa arte do pintor Tapies existe porque todos os dias há milhares de borregos que admiram os seus quadros de meias. Sem esses borregos, Tapies não existiria.

Se tudo aquilo que nos vendem como cultura e que mais não é que um produto de marketing, convenientemente estudado e lançado para o sucesso entre as massas, fosse automaticamente repudiado pelo povo não existiria cultura nefasta, existiria Arte com maiúsculas, existiria um renascer da Europa. Portanto não temos que falar de cultura nefasta, temos que falar de Sistema nefasto.

Recordo que Espanha foi ainda para uma geração de ibero-americanos um ponto de referência imprescindível para a cultura alternativa, aqui se iniciaram, fundaram e divulgaram: ideias, editoras e revistas que logo tiveram um prolongamento e um eco na América Latina, mas hoje parece "dominar o deserto", na expressão de Nietzsche...

Certo. São poucas as publicações de alternativa ao Sistema que ultrapassam uma dezena de números; poucas as editoras alternativas que existem; e sem dúvida que há um abandono constante da ideologia com o objectivo de conquistar, supostamente, parte do poder político. Revistas como *"El Martillo"*, *"Fundamentos"*, *"Punto y Coma"*, *"Hespérides"*, foram desaparecendo sem deixar quem as substituísse, hoje somente a revista *Nihil Obstat* – editada pelas Ediciones Nueva Republica – mantém acesa a chama com os seus nove números já publicados. São poucas as editoras alternativas que publicam mais de dez livros por ano. Existe uma total carência de leitores e, o que é pior, não se vislumbra uma mudança nesse sentido, pelo contrário a tendência é para uma diminuição ainda maior do volume de leitores e, com eles, o nível cultural da militância alternativa.

Na chamada "área nacional" ou "ultrapatriótica", como referiu ironicamente a revista *Interviú*, dá-se a impressão de haver uma colecção de cabeças de ovo, ajuntamento de bugigangas patrióticas ou tribo de raivosos, há algo mais que esta trilogia surrealista e descerebrada?

Não é nenhum segredo que essa "área nacional" está extremamente dividida e, pior, extremamente corrompida ideologicamente. A formação cultural e ideológica é praticamente nula, qualquer um mete uns galões e converte-se em mais papista que o Papa, logo não tardam em aparecer os devotos desse "quem quer que seja". Perante estes factos, a realidade não pode ser outra senão o lamentável espectáculo que existe. Mas o mais preocupante, a meu ver, é a procura de sucessos políticos embora esses sejam obtidos à custa da renúncia dos princípios ideológicos. Bons militantes, formados e devotos, não hesitam em abraçar princípios contrários às suas supostas convicções com o objectivo de tentar "tocar o poder", ou unem o seu esforço ao de elementos de ética duvidosa e de duvidosa trajectória política. Esperemos que venham tempos melhores, as nossas ideias bem precisam e o tempo urge.

Qual a postura do CELE quanto às posturas etnocêntricas e islamófobas que se encontram na extrema-direita populista europeia?

Bem, o CELE não é nada islamófobo. Contudo é em nome do Islão que se colocam bombas na Europa contra a população civil. É precisamente em Espanha que se levam a cabo manifestações contra as agressões imperialistas yankee-sionistas e foi em Espanha que se cometeu o maior massacre contra civis inocentes por parte de islamitas. Uma das consequências de tudo isto é que se chegou à lamentável equação de árabe = a islamita, algo completamente errado e falho de rigor. Outra das consequências é o posicionamento favorável ao Estado de Israel por parte dessa extrema-direita populista ou, no melhor dos casos, actuarem com uma total indiferença quanto aos acontecimentos que ocorrem no Médio Oriente. É notório que o islamismo radical não passa de um produto alimentado pelos EUA-Israel, que as guerras económicas provocadas por esses dois países, assim como os seus assassinatos indiscriminados sobre a população civil iraquiana, palestiniana, etc., são o que provoca uma reacção fanática por parte de muitos islamitas.

Pessoalmente, sempre me posicionei pelo nacionalismo pan-árabe, socialista e laico, e por sanções e acções contundentes contra o Estado de Israel pelos seus actos reiterados de genocídio contra o povo palestiniano.

Qual a postura das Ediciones Nueva Republica, da revista *Nihil Obstat* e destas II Jornadas da Dissidência a respeito da América Latina?

Alguns de nós, fazendo parte destas iniciativas, promovemos também uma modesta publicação editada em Espanha que se intitulava *Patria Iberoamericana*. Bem o sabes, pois foste um dos colaboradores desta. Com esse jornal queríamos contribuir com o nosso grão de areia da parte da Europa para apoiar todas as iniciativas e ideias que defendessem a unidade da América Latina, ao mesmo tempo que aprendíamos com essas mesmas iniciativas e ideias. Sempre me senti atraído pelo justicialismo de Perón e de Evita; simpatizei com von Marees; Getúlio Vargas; com aspectos do aprismo; por... conhecemos Norberto Ceresole, que colaborou connosco até que regressou à Argentina e nos deixou para sempre; conhecemos os primeiros passos de Chávez; e por aquela que considero a melhor revista de pensamento da América Latina: *Ciudad de los Césares*.

Como vês a América Latina está muito presente entre nós.

Qual tem sido a trajectória das Ediciones Nueva Republica e as suas novidades mais interessantes?

A ENR nasceu com o objectivo de ser uma Frente Editorial que facilitasse a possibilidade de formação dos militantes social patriotas. A ENR pretendia, e pretende, dar a conhecer textos, pensadores, políticos, etapas da História e revisões dessa mesma História. A ENR nasceu graças ao esforço de muito poucas pessoas, e assim continua a ser. Segue apesar dos problemas próprios de uma editora amadora, dos inquéritos policiais e dos julgamentos que estão pendentes por editar, segundo parece, livros que não agradaram a algumas pessoas e que, de acordo com esses "alguns", não podem, ou não devem, editar-se. Isto ocorre em Espanha, em pleno século XXI, onde editar um livro te pode levar à prisão. Já se sabe, um livro é mais perigoso para a estabilidade do Sistema do que centenas de balas.

Mas o mais importante para a ENR são os mais de 70 livros já publicados, o que nos converte numa das editoras mais importantes da nossa Área.

Como prova comprovativa do nosso compromisso com a América Latina, entre as nossas últimas novidades encontra-se um livro de José Luís Jerez [Riesco] sobre a Falange na Argentina e outro do escritor mexicano José Luís Ontiveros, que creio conheceres bem.

Que acham da migração latino-americana em Espanha? Eu, que sou mexicano, posso afirmar que não só recebemos os republicanos mas que também a minha própria ascendência nunca teria chegado ao México se este tivesse erguido tantos entraves e obstáculos à migração como agora o faz Espanha quanto aos latino-americanos, qual é a vossa opinião?

Olha, trata-se de uma questão muito complicada e envolta de muita demagogia.

Acredito piamente na Pátria Latino Americana, identifico-me convosco quando se referem à "Nossa América". Acredito numa Pátria Latino Americana forte, unida e livre. Não me agradam nem os governos lacaios da Casa Branca nem aqueles que abraçam ideologias marxistas. Acredito numa Vontade Latino Americana, sem "pátria mãe" e sem a necessidade de olhar para a Europa. Só uma Pátria que tenha uma vontade de o ser conseguirá a sua liberdade.

Dito isto, entendo perfeitamente que algumas pessoas da América Latina queiram vir para Espanha, mas entendo também que só a luta traz Dignidade e Conquistas, não acredito que os milhares e milhares de pessoas da "Nossa América" que chegam constantemente à Europa de modo geral e à Espanha em particular ajudem a tornar livre e grandiosa a América Latina. Dizia Eva Perón, "que chegou a hora dos povos, a hora na qual todos os homens e mulheres devem sentir-se responsáveis pelo destino comum e pela Pátria". Para fazer frente à globalização e acabar com as oligarquias, para lutar contra as multinacionais e o "Made In USA", para ser uma nação respeitada, há que combater casa a casa, bairro a bairro, aldeia a aldeia, a emigração não é uma solução, é um penso rápido nalgumas vidas, é a via delineada pelas elites globalizadoras, é o fim dos povos livres e soberanos.

Parecia-nos que Espanha tinha esquecido as suas raízes identitárias e o sentido ecuménico do Império Espanhol, por outro lado testemunhamos um processo neo-colonial na América Hispânica, bancos, transnacionais energéticas, cadeias de hotéis peninsulares, será esta hegemonia o legado que merecemos dos "cães soltos do leão espanhol" como dizia Darío?

O legado que merecem dos "cães soltos do leão espanhol" é emanciparem-se, procurar o seu próprio destino, que é isso de se europeizarem? Que é isso de se deixarem USAr pelos yankees? A América Latina será grandiosa quando iniciar a sua marcha definitiva pela unidade geopolítica da "Nossa América". Os sociais patriotas europeus e os sociais patriotas espanhóis estarão ao vosso lado e cantarão convosco aquele coro dos prisioneiros que afirma: "A América Latina é um povo ao sul dos EUA".

Resistencia Cristiana (2011)[32]

Qual a tua opinião acerca das concentrações que se estão a realizar em várias cidades, convocadas pelo Democracia Real?

Claro que as apoio, apoio o seu espírito, no essencial apoio as suas reivindicações. Duma perspectiva NR vimos há várias décadas que os partidos do sistema e a banca são os principais culpados da cruel situação em que vivem milhares e milhares de espanhóis e europeus. A mobilização de tanta gente, abre uma via importantíssima para que a nossa voz possa ser escutada cada vez mais e com mais força.

Então avalias de modo positivo essas mobilizações?

À partida, mas que após as eleições se mantenham sempre em combate; que se mantenham livres de partidarismos e abertos a todos os rebeldes à parte de credos, convertendo-se o movimento de protesto numa verdadeira Frente Unida Anti-Sistema; sempre que demonstrem o seu repúdio claro perante o PPSOE a IU[33] e a todos os partidos corruptos, aos sindicatos traidores, ao poder financeiro; e que continuem a acreditar que é possível a transformação da sociedade.

Mas, não é verdade que essas mobilizações são manipuladas pela esquerda?

E? Se os NR, os socialistas patriotas… têm (temos) sido incapazes de nos ligar ao Povo de uma forma clara e manifesta, tem sido principalmente pela nossa incapacidade em fazer-lhes chegar as nossas propostas sociais, incapacidade propiciada por certos "complexos" de alguns, que nos têm feito ser pouco credíveis. É hora de nos descomplexarmos e de lutar de verdade, sem renúncias, mas sem trégua pelas nossas ideias e pelas nossas convicções revolucionárias, dotando-nos de um discurso actual e credível, abandonando abordagens e tiques caducos que hoje em dia nada

---

[32] Publicado originalmente no blogue *Resistencia Cristiana* a 23 de Junho de 2011.
[33] Esquerda Unida (N. do T.)

dizem ao nosso Povo. Temos que lutar para converter as Massas em Povo e o Povo em Nação.

É verdade que a Esquerda Unida está presente nessas concentrações, e há anarquistas e gente violenta da extrema-esquerda, mas a esmagadora maioria é gente indignada, pessoas fartas dos políticos, das políticas do PP, do PSOE, do CO, da UGT, fartas dos bancos e das suas políticas financeiras, gente como nós que não chega ao final do mês, sem trabalho, com uma habitação precária, ou sem ela, com sérios problemas em assegurar um futuro digno. Nós temos que estar com essa gente.

Então, que opinião tem da atitude de órgãos de comunicação social como *La Gaceta*, *Esradio*, etc., que desqualificam quem participa nessas manifestações?

Essa caterva de órgãos de comunicação social de direita vão dizer o quê? São a direitona radical, são os talibãs da moral enferma, os porta-vozes da banca e do sionismo, do patrioteirismo chato, servil e traidor das causas justas do Povo. São uma chaga para a comunidade nacional; tão nefastos são os que usam o nome de Espanha para os seus próprios interesses como os que evocam mundialismos irracionais. Quem siga essa comunicação social não é mais que um inimigo dos NR, tão inimigo como essa extrema-esquerda que tantas vezes nos injuria e persegue.

Falando de esquerda, que verdade há acerca de uma suposta reunião sua com o coordenador geral da Esquerda Unida, Cayo Lara, em Saragoça?

Tenho a dizer que um dos acordos que aprovámos foi reunirmos com Osama Bin Laden em Almuñecar, mas para desgraça nossa os yankees abateram-no antes que pudesse acontecer. Agora a sério, alguém acredita nisso? Evidentemente que não houve qualquer reunião, acordo ou sequer contacto com a Esquerda Unida.

Mas com Os Verdes – Grupo verde, sim…

Sim. O nosso amigo Jesús Vallés, conhecido ecologista e montanhista aragonês, propôs-nos fazer parte das listas desse partido na candidatura ao município de Saragoça. Vimos o programa, pareceu-nos extremamente acertado e assumível pelo nosso partido, assim sendo, não hesitamos nem por um segundo.

Houve problemas com outra lista verde de Saragoça, certo?

Sim, mas essa questão resolveu-se a nosso favor em tribunal e foram condenados a pagar as custas e qualificados pelo Tribunal de "injuriosos". Torna-se evidente quem é honesto, Verde, ecologista e luta realmente pelo Povo e pela Natureza.

Nas Astúrias coligam-se com a Frente Nacional. Como avalias o trabalho levado a cabo por essa coligação?

Claro que o avalio de modo positivo. Participei no que pude no trabalho realizado e posso dizer que os militantes da Frente Nacional nas Astúrias e os do Movimento Social Republicano levaram a cabo um esforço espectacular. Outra coisa são os resultados nas urnas, mas há que ter consciência que com os meios de que dispomos temos que estar extremamente orgulhosos do feito e entender que a se trata de uma maratona, estamos perfeitamente preparados para tal.

Como avalias a campanha levada a cabo pelo MSR?

Esta só devia responder depois de saber os resultados, mas posso dizer que, como nas Astúrias, estou extremamente satisfeito. Concorremos onde tínhamos candidatos, evitando apresentar listas só por apresentar, com candidatos "pára-quedistas", levantaram-nos mil entraves à apresentação das candidaturas, conseguindo que falhássemos duas listas: Lorca e Camarena; contudo, à partida avaliamos de modo positivo o trabalho levado a cabo pelos nossos candidatos e por todos aqueles que participaram activamente na campanha.

Onde não concorra o MSR, apela ao voto noutros partidos?

O MSR pede o voto n'Os Verdes – Grupo Verde em Saragoça; na Coligação Frente Nacional – MSR nas Astúrias; e em virtude das boas relações que mantemos com a Frente Nacional, apelamos ao voto nesse partido onde quer que este se apresente.

www.ingramcontent.com/pod-product-compliance
Lightning Source LLC
Chambersburg PA
CBHW022127280326
41933CB00007B/586